Peter Dyckhoff
Aus der Quelle schöpfen

topos taschenbücher, Band 753
Eine Produktion des Don Bosco Verlags

Peter Dyckhoff

Aus der Quelle schöpfen

Das innerliche Gebet nach Teresa von Avila

topos taschenbücher

Verlagsgemeinschaft topos plus
Butzon & Bercker, Kevelaer
Don Bosco, München
Echter, Würzburg
Lahn-Verlag, Kevelaer
Matthias Grünewald Verlag, Ostfildern
Paulusverlag, Freiburg (Schweiz)
Friedrich Pustet, Regensburg
Tyrolia, Innsbruck

Eine Initiative der Verlagsgruppe engagement

Bibliografische Information der Deutschen Nationalbibliothek
Die Deutsche Nationalbibliothek verzeichnet diese Publikation in der Deutschen Nationalbibliografie; detaillierte bibliografische Daten sind im Internet über http://dnb.d-nb.de abrufbar.

Einband- und Reihengestaltung | Finken & Bumiller, Stuttgart
Umschlagabbildung | photocase, akai
Herstellung | Pustet | Regensburg
Printed in Germany

Topos-ISBN: 978-3-8367-0753-4
www.toposplus.de

Inhalt

Vorwort

„Sie lebte nicht, sondern sie betete: Damit ließe sich vielleicht ihr Dasein am besten umschreiben“, sagt Reinhold Schneider in seiner Schrift über Teresa von Avila. Die Erfahrung des innerlichen Gebetes prägte ihr Leben bedeutsamer als ihr Eintritt ins Kloster. Teresa gelangte über die Stufe der Betrachtung, in der die inneren Kräfte sich nur unter Mühen sammeln, zum Gebet der Ruhe, in welchem sie übernatürliche und wunderbare Erleuchtungen erlebte.

Nachdem Teresa von Avila im Jahr 1970 von Papst Paul VI. als erste Frau zur Kirchenlehrerin ernannt wurde, steigerte sich nochmals das Interesse an den Werken dieser bereits 1622 heiliggesprochenen, herausragenden Frau. In den mehr als vierhundert Jahren seit der Erstveröffentlichung ihrer Werke erschienen über Teresa von Avila und ihr umfangreiches Schaffen zahlreiche Bücher.

„Aus der Quelle schöpfen – Das innerliche Gebet nach Teresa von Avila“ kann weder zur Reihe der theologischen Abhandlungen über sie noch zu den Übersetzungen ihrer Werke gezählt werden.

Die vorliegenden Texte sind eine Übertragung der Botschaft vom Gebet – für jeden nachvollziehbar, der sich darauf einlässt. Immer wieder wurde ich während meiner über dreißigjährigen Vortrags- und Kursarbeit nach der Gebetslehre der großen Teresa gefragt. Es besteht der große Wunsch, das von ihr gelehrte innerliche Gebet nachzuvollziehen und zu praktizieren. Jedoch gaben viele, die den Weg dieses innerlichen Gebetes gehen wollten, ihr Vorhaben wieder auf, da ihnen die Werke der Teresa zu umfangreich, zu wenig einsehbar, oft „abgehoben“ und daher nicht leicht nachvollziehbar schienen.

Um das innerliche Gebet und das kostbare Gut ihrer Mystik einfach und zusammengefasst vielen suchenden Menschen näherzubringen, übertrug ich aus ihrem Gesamtwerk alle Aussagen und Anleitungen, die sich auf die ersten beiden Gebetsstufen beziehen: das vertiefte, verinnerlichte mündliche Gebet und das Gebet der Ruhe.

In einem Buch wie dieser geistlichen Wegweisung können auf eine praktisch nachvollziehbare Weise nur die beiden ersten Gebetsstufen beschrieben werden. Die höheren sieht Teresa als besonderes Gnadengeschenk Gottes.

Selbst für die hier besprochenen beiden Gebetsarten empfiehlt es sich bereits, einen geistlichen Begleiter zu suchen, der Erfahrungen im innerlichen Gebet besitzt. Doch ist – wie Teresa sagt – Jesus Christus letztlich unser Lehrer und Meister, der uns den Weg über uns selbst zu ihm sicher führt.

Viele Menschen, die das innerliche Gebet und auch das Ruhegebet üben, berichten, dass sowohl ihr inneres als auch ihr äußeres Leben großen Reichtum erfahren.

„Aus der Quelle schöpfen" möchte auf einfache Weise dazu beitragen, einen nachvollziehbaren Gebetsweg zu eröffnen oder den Gebetsweg zu stärken, wenn wir ihn bereits gehen. Die Leser, die sich direkt und tiefer mit den Schriften der hl. Teresa von Avila beschäftigen möchten, finden am Ende des Buches ein Quellenverzeichnis. Jede laufende Nummer im Buch entspricht einem Abschnitt aus Teresas Gesamtwerk.

Der Titel dieses Buches geht auf eine Aussage Teresas in ihrer Schrift *„Die Seelenburg"* zurück: *„Ich finde nichts Geeigneteres als das Wasser, um gewisse Abläufe des geistlichen Lebens zu erklären. Auch habe ich eine so große Vorliebe für dieses Element, dass ich es immer mit mehr Aufmerksamkeit betrachtet habe als andere Dinge."* (IV. Wohnung, 2. Hauptstück, 2)

Mögen die Leserinnen und Leser „aus der Quelle schöpfen", die Teresa von Avila vor über vierhundert Jahren für sich und uns entdeckte.

Erstes Buch

Neue Lebensenergien möchten dir zufließen. Finde deinen geistlichen Weg in die Innerlichkeit und wage den ersten Schritt zur Entgrenzung. Denn die Schönheit deiner Seele möchte zum Leuchten kommen. Zeichen der Liebe umgeben dich überall, sodass sich dein Leben zum Besseren verändern kann.

I. Kapitel

Viele von uns kennen sich selbst nicht oder nur wenig. Um Zugang zu deinem Inneren zu bekommen, ist Selbsterkenntnis notwendig. Dazu gehört mehr als ein Schauen auf äußeres Tun.

1

Viele von uns kennen sich selbst nicht oder nur wenig. Ihnen ist daher auch nicht bewusst, wer sie eigentlich sind. Sich nur mit der körperlichen Seite des Lebens zu befassen, reicht nicht aus. Die Erkenntnis unseres Selbst muss unbedingt hinzukommen, damit wir auch das erfahren können, was wir unsere Seele nennen. Bloßer Glaube daran genügt nicht. Der große Reichtum unserer Seele wie auch derjenige, der sie bewohnt, müssen in unser Bewusstsein und damit in unser Leben kommen. Leider ist nur wenigen Menschen die Schönheit ihrer Seele ein-sehbar. Das ist der Grund, warum sie selten in der Lage sind, die Schönheit ihrer Seele zu pflegen und zu bewahren. Die Sorge gilt oft mehr den am Rande liegenden und materiellen Dingen der äußeren Welt.

2

Im Grunde der Seele möchte sich Gott uns mitteilen, indem er uns vielfache Gnaden zuströmen lässt. Hast du diese Erfahrung auf direktem Wege noch nicht gemacht, so wisse, dass dies jederzeit möglich ist. Nimm das Wissen um die Zuwendungen des Schöpfers zum Anlass, dich ihm zu öffnen und ihm entgegenzugehen. Richte dich immer wieder auf ihn aus, betrachte das Bleibende deines Lebens und das Leben derer, die diese Welt im Ausblick auf die kommende bereits bestanden haben. Gott fragt nicht, wer du bist und wie du in der Vergangenheit gelebt hast – er möchte sich dir in seiner unendlichen Güte und unermesslichen Barmherzigkeit offenbaren.

3

Du wirst nun die berechtigte Frage stellen: Was kann ich von mir aus tun, damit der Schöpfer mir eine größere Teilhabe an seinem Wesen gewährt? In vielen geistlichen Büchern wird der Rat gegeben, die Seele in ihr Inneres einkehren zu lassen. Doch wie geschieht das?

4

Es gibt viele Menschen, die zwar von der Existenz ihrer Seele überzeugt sind, doch sich so mit äußeren Dingen beschäftigen, dass es ihnen unmöglich scheint, in ihr Inneres einzukehren. Bestimmte Gewohnheiten, Abhängigkeit von anderen Menschen oder materiellen Dingen, ungezügelte Leidenschaften oder gar blinde Arbeitswut lassen diesen Schritt vorerst nicht zu. Obwohl alle Menschen von Natur aus fähig sind, mit ihrem Schöpfer Kontakt aufzunehmen, bleiben viele an der Oberfläche, ohne den Schritt in ihre eigene Innerlichkeit zu tun.

„Der Mensch in Pracht, doch ohne Einsicht, er gleicht dem Vieh, das verstummt.“ (Psalm 48,21)

5

Das Tor zu unserer Innerlichkeit ist das Gebet. Jede Art von Gebet – sei es das mündliche oder das innerliche – kann zu diesem Tor werden, das sich für dich öffnet. Ein reines Lippenbekenntnis, das ohne Wirkung bleibt, ist natürlich von dem wahren Gebet zu unterscheiden, bei dem wir uns auf den Schöpfer ausrichten, ihn innerlich ansprechen oder gar um etwas bitten. Du hast es bedacht und weißt, mit wem du redest, und bist dir dabei deiner selbst und deiner Anliegen bewusst.

6

Es gibt Zeiten, in denen dich ein Mensch oder eine Sache derart fesselt, dass du für dich selbst und die Pflege deiner Innerlichkeit keinen Raum findest. Ebenso können dich auch Schicksalsschläge oder Krankheiten binden oder sogar völlig lähmen. In einer derartigen Gefangenschaft, aus der du dich kaum aus eigenen Kräften zu erheben vermagst, ist schon dein Verlangen nach Erlösung die beste Voraussetzung für eine baldige Heilung. Neben dem Gebet, mit dem du langsam wieder beginnen solltest, ist es empfehlenswert, über dich selbst nachzudenken und das Gespräch mit einem Gott nahen Menschen zu suchen. Lass dich nicht von tausend widerstrebenden Gedanken abhalten, deinen Gebetsweg zu finden und zu gehen. Sie wollen dich fesseln und dein Herz belagern, damit du weder innere Ruhe finden noch Einkehr halten kannst.

II. Kapitel

Deine Seele kann Unendliches fassen – mehr als dein Verstand begreifen kann. Begrenze sie nicht durch zu langes Suchen nach Selbsterkenntnis, sondern wage durch Hingabe an Gott die Entgrenzung.

7

Wenn von der Seele gesprochen wird, müssen wir immer die Begriffe „Fülle“, „Weite“ und „Größe“ damit verbinden. Die Seele ist in der Lage, Unendliches zu fassen, also weitaus mehr, als wir je mit unserem Verstand begreifen können.

8

Achte behutsam darauf, deine Seele keinem Druck und keinem Zwang auszusetzen. Da ihr vom Schöpfer eine hohe Würde verliehen ist, darfst du sie nicht zu lange eingrenzen – auch, wenn es durch den Wunsch, dein Selbst zu erkennen, geschieht. Deine Seele möchte in völliger Freiheit den Raum durchschreiten, der sich ihr auftut. Aus der eigenen Betrachtung muss sie sich zu Höherem erheben können. Indem sie sich selbst verlässt, löst sie sich von Bindungen. In der Ausrichtung auf den Schöpfer wird sie wesentlich freier und erfüllter als in den engen Begrenzungen ihrer Selbsterkenntnis, die allerdings als Vorstufe unverzichtbar ist.

9

Selbsterkenntnis ist notwendig, um nicht überheblich zu werden. Wenn du dich dem Schöpfer gegenüber als sein Geschöpf erkennst, wird es dir leichtfallen, dankbar zu sein und im Gebet den Weg der Hingabe zu üben. Zu wahrer Selbsterkenntnis kannst du also nur gelangen, wenn du dich selbst verlässt und auf Gott ausrichtest, ihn kennenlernst.

10

Bleiben wir jedoch innerhalb der Begrenzungen unseres Selbst, besteht die große Gefahr, dass das für uns Vorgesehene nicht richtig entwickelt werden kann, nämlich:

- Klarheit des Denkens
- Veredelung der Willenskräfte
- Lebensunterstützendes Handeln
- Bereitschaft zur Hingabe im Gebet
- Gotteserkenntnis

Wagen wir niemals die Entgrenzung auf Gott hin, so können wir dieses für uns Vorgesehene niemals erreichen. Eine sich einschleichende Lebensangst wird von Jahr zu Jahr größer; negative Gedanken überfallen uns; es fehlt zu entscheidenden Handlungen der Mut. Niedergeschlagenheit und Pessimismus machen sich breit, ohne dass wir uns dagegen wehren können.

Das Schlimmste jedoch sind immer wieder die vielen Gedanken, die uns beunruhigen und verwirren.

11

Du siehst, wie wichtig es ist, nicht nur bei dir selbst zu verweilen, sondern dich über dich selbst hinaus zum Du des Nächsten und damit zum Du Gottes zu erheben. Gott, der Vater, Christus und der Heilige Geist sind unser höchstes Gut, das wir als Erstes in unserem Leben in den Blick und in unser Herz nehmen sollten.

12

Die Anfechtungen auf dem inneren Weg sind nicht unerheblich. Widergöttliche Kräfte möchten uns – besonders am Anfang des Weges – am Fortschreiten hindern. Leider merken viele erst sehr spät, dass sie getäuscht und Um- oder Irrwege geführt wurden. Die störenden Kräfte haben ein leichteres Spiel, je mehr wir abhängig von materiellen Dingen sind, uns in Schicksale anderer Menschen verstricken oder der Macht- und Genusssucht verfallen.

Nimmst du diese Tendenzen bei dir wahr – selbst, wenn du den aufrechten Wunsch hast, dich dem Höheren zu öffnen –, sei dir empfohlen, den Schöpfer möglichst oft um seine Hilfe und sein Erbarmen anzurufen. Du solltest auch die Gottesmutter und die Heiligen bitten, sich dir zuzuwenden und Fürbitte für dich einzulegen.

13

Wenn du dich langsam an die Stille und das Schweigen in dir gewöhnt hast, wird dir nicht sofort das Licht einleuchten, das im Tiefsten deiner Seele verborgen ist. Es ist, als ob du in ein von der Sonne erleuchtetes Zimmer trittst, die Helle aber nicht wahrnehmen kannst, da deine Augen trüb und voll Staub sind.

Um aber an dem ersehnten Licht teilhaben zu können und es wahrzunehmen, um die eigene Schönheit der Seele zu schauen und sie zu genießen, solltest du Wege finden, dich von allzu großer Abhängigkeit an weltliche Dinge frei zu machen.

Achte darauf, dass dich unter keinen Umständen zeitliche Güter, Beschäftigungen und Liebhabereien besitzen. Umgekehrt sollte es sein: Du solltest sie besitzen. Um in deiner geistlichen Entwicklung weiterzukommen, räume ihnen den rechten Stellenwert in deinem Leben ein, setze neue Prioritäten und trenne dich von allem Unnötigen.

14

Es bedeutet eine große Verantwortung für dich, einen einmal erreichten Status zu bewahren. Rückfälle wiegen schwer. Oft geschieht es aus Oberflächlichkeit und unbedacht, dass du trotz großer Gnade, die dir zuteilwurde, in alte Fehler und ungute Verhaltensweisen zurückfällst.

Hüte dich besonders davor, fremde Sorgen zu deinen eigenen zu machen. Und bedenke, dass du immer wieder neuen Anfechtungen ausgesetzt bist. Sei also wach und beständig auf der Hut, damit dich nicht die Dunkelheit zu Fall bringt, die sich – um dich zu täuschen – oftmals mit Licht umgeben kann.

III. Kapitel

Lass dich durch nichts von deinem Weg abhalten, sondern sei wach für die leise Stimme in dir. Bringe deine Wünsche zum Ausdruck und gestalte dein Leben auf der Grundlage des innerlichen Gebetes. Zeichen der Liebe umgeben dich überall.

15

Du hast mit dem innerlichen Gebet begonnen und erkannt, wie viel für dich davon abhängt, die Übung fortzusetzen, um auf dem geistlichen Weg weiterzukommen. Du solltest dich keinesfalls abschrecken lassen, wenn sich vor dir unüberwindbar scheinende Hindernisse aufschichten. Der wiederholte Ruf Gottes an dich wird dich beflügeln, Überwindung zu leisten, um in eine größere Nähe zu ihm zu gelangen.

16

Die Einladung Gottes, seinem Ruf zu folgen, geschieht – und da solltest du hellhörig werden – auf verschiedene Weise. Menschen, die dir begegnen und zu dir sprechen, können seine Boten sein; auch kannst du seine Stimme aus heiligen Schriften und Büchern vernehmen. In Freude wie auch in Krankheit und Leid kann Gottes leise Sprache verborgen sein.

Noch etwas sehr Wichtiges ist hinzuzufügen: Der Ruf Gottes kann auch zur Zeit deines innerlichen Gebetes an dich ergehen. Du erfährst eine Wahrheit, die es in deinem aktiven Leben umzusetzen gilt. Doch lass dir hierbei Zeit und sei nicht enttäuscht, wenn du seinem Willen nicht sofort entsprechen kannst. Der Herr kennt dich und weiß viele Tage und Jahre zu warten – vorausgesetzt, du zeigst einen guten Willen und Beharrlichkeit.

17

Herr, ohne deine Hilfe vermögen wir nichts.
Deine Barmherzigkeit und Liebe bewahren uns vor Täuschungen.
Schenke uns Durchhaltevermögen, damit wir das innerliche Gebet nicht aufgeben.
Gib uns Licht, um einzusehen, wie heilsnotwendig es ist, Fortschritte zu machen und uns von den widergöttlichen Kräften zu trennen.
Schicke uns Menschen auf unseren Weg, die uns voraus sind und uns ermutigen, weiterzugehen.
Bewahre uns vor jedem Rückschritt und lass uns nicht in Gefahr unterliegen.
Hilf uns, das uns zugedachte Kreuz anzunehmen und gib uns Kraft, es zu überwinden.

18

Wie sonderbar sind doch unsere Wünsche. Halte dich nicht in falscher Bescheidenheit zurück, sondern bringe sie vor den Herrn. Erbitte von ihm das Heil, das er uns zugesagt hat. Rufe und schreie danach, wenn du es am nötigsten brauchst. In Ungeduld und bei mangelnden oder ausbleibenden Erfahrungen im innerlichen Gebet beklage dich über die fehlende Ruhe und die Trockenheit in deinem geistlichen Leben.

19

Hast du dich auf den Weg des innerlichen Gebetes begeben, werden zwei Wünsche besonders in dir wach: Du hast auf der einen Seite das große Verlangen, den göttlichen Willen zu deinem Willen werden zu lassen – und auf der anderen Seite spürst du Lebensenergien, die du in Form von Arbeit umsetzen und einbringen möchtest.

20

Hast du auf dem geistlichen Weg erste Erfahrungen gemacht, lass dich durch nichts erregen und versuche nicht, etwas gewaltsam zu lösen. Bestimmt werden in dir viele Fragen aufkommen, die du aus dir selbst nicht beantworten kannst. Daher ist ein geistlicher Begleiter an deiner Seite wichtig. Er wird dir helfen, auch nach Rückschritten immer wieder von Neuem zu beginnen.

21

Es gehört zum wesentlichen Bestandteil des inneren Weges, sich im Freiwerden zu üben von allem, was uns besetzt oder gefangen hält. Im Gebet der Ruhe, das auf dem inneren Weg dem mündlichen Gebet folgt, gehst du dann noch einen Schritt weiter: Indem du dich selbst verlässt und dein Leben vertrauend in Gottes Hände legst, strömt dir ungeahnte Freiheit und Glückseligkeit zu. Diesen Zustand nimmst du nach dem Gebet mit in deinen Alltag, den du jetzt – auch trotz Belastungen und Beschwerden – heiterer und erfolgreicher gestalten kannst.

22

Damit es dir leichter wird, deine begrenzten Vorstellungen – vornehmlich die vom innerlichen Gebet – zu überschreiten, solltest du den Weisungen eines geistlichen Begleiters folgen. Hier beginnt bereits die wesentliche Übung, deinen Willen zurückzunehmen. Später im Gebet wird es dir dann umso leichter fallen, dem Entgegenkommen Gottes den ersten Platz einzuräumen.

Wähle jedoch niemanden zu deinem geistlichen Begleiter, der in seinem Wesen dir ähnlich ist. Es sollte zudem jemand sein, der mit beiden Beinen in der Welt steht, der Lebenserfahrung besitzt und mit dem innerlichen Gebet vertraut ist. Er wird dir helfen, dich selbst besser zu erkennen und unmöglich Erscheinendes möglich zu machen.

23

Du solltest unter keinen Umständen andere bereden, ebenso diesen geistlichen Weg zu gehen. Sei nicht aufdringlich und keinem lästig. Hüte dich davor, andere über das geistliche Leben besserwisserisch zu belehren. Dies gilt natürlich in besonderer Weise für die Aussagen, die du nicht durch eigene Erfahrungen belegen kannst.

24

„Richte mich auf durch dein Wort!
Halte mich fern vom Weg der Lüge;
begnade mich mit deiner Weisung!
Ich wählte den Weg der Wahrheit;

nach deinen Urteilen hab ich Verlangen.
Ich halte an deinen Vorschriften fest;
Herr, lass mich niemals scheitern!
Ich eile voran auf dem Weg deiner Gebote,
denn mein Herz machst du weit."
(Psalm 119,28b-32)

25

Der Fortschritt auf deinem geistlichen Weg hängt nicht davon ab, dass du viel denkst, sondern dass du viel liebst. Gehe deinen Tagesablauf durch und erspüre, wo du dich liebevoll dem Nächsten, aber auch dir selbst gegenüber verhalten solltest. Liebe und liebevolles Verhalten in die Tat umzusetzen, ist nicht einfach – vielleicht wissen wir nicht einmal recht, was Lieben ist. Unser gesamtes Verhalten, Denken und Fühlen sollte in steter Verbindung mit dem Urgrund der Schöpfung stehen, der Liebe ist. Zeichen der Liebe umgeben uns überall.

IV. Kapitel

Der Unterschied zwischen der Betrachtung und dem Gebet der Ruhe. Antworten auf deine Frage, was du zur Vorbereitung tun kannst, um innere Ruhe und Frieden für deine Seele zu empfangen.

26

Stelle dir zwei Behälter vor, die mit Wasser gefüllt werden. In das eine Auffangbecken fließt Wasser von weither durch viele Röhren und andere künstliche Leitungen. Das zweite Auffangbecken steht genau dort, wo das Wasser einer Quelle entspringt. Es füllt sich ohne jegliches Geräusch schon bald randvoll, und das Wasser fließt über und wird zu einem Fluss. Das Becken wird niemals leer, da ohne Unterlass Wasser nachströmt.

Das erste Bild entspricht den Erfolgen, die aus der Betrachtung entstehen. Wir erwerben sie durch Nachdenken, wobei wir uns des Anschaulichen bedienen und Gedachtes vergegenwärtigen. Diese Vorgehensweise lässt das Denken und den Verstand schnell ermüden, da wir uns ständig anstrengen müssen. Das Bild spiegelt dies mit dem geräuschvollen Einströmen des Wassers aus den verschiedenen Rohrleitungen wider.

27

Die Anstrengungslosigkeit und der verminderte Aufwand, die du im Gebet der Ruhe triffst, werden aus dem zweiten Bild deutlich. Der andere Behälter nimmt das Wasser unmittelbar von der Quelle auf – von Gott selbst. Dieser Vorgang – vorausgesetzt, der Schöpfer lässt ihn zu – geschieht in unserem Inneren in äußerster Ruhe und größtem Frieden. Das Überströmen wird nicht, wie bei der Betrachtung, im Herzen als Trost empfunden, sondern das Wasser strömt zunächst unmerklich in alle Kräfte der Seele, bis sich dann die Ruhe und der Friede sowohl in deinen Gefühlen als auch in deinem Körper ausbreiten. Das geistige Strömen beginnt in Gott und endet in uns. Wir sind nicht nur innerlich, sondern auch äußerlich davon berührt.

28

Mein Herr und mein Gott, wie groß sind deine Wunder!
Du hast in uns Geheimnisse verborgen, die mich in großes Staunen versetzen.
Und viele wird es noch geben, um die ich nicht weiß!
Wie einfältig sind wir und meinen etwas von dir zu verstehen.
Du bist überaus groß und deine Herrlichkeit tritt aus allem, was du geschaffen hast, leuchtend hervor.

29

Im Gebet der Ruhe ist es nicht nur dein Herz, das der Herr weit macht, sondern auch deine Seele. Sobald das Wasser aus der Quelle in der Tiefe deiner Seele aufbricht, erweitert und erfüllt es dein Inneres und schenkt der Seele unaussprechliche Güter. Die Quelle, aus der das Wasser strömt, ist zwar nicht sichtbar, doch du spürst, wie du von diesem lebendigen Wasser an Leib und Seele durchdrungen und erfüllt wirst.
„Trink Wasser aus deiner eigenen Zisterne,
Wasser, das aus deinem Brunnen quillt.
Dein Brunnen sei gesegnet!“
(Sprichwörter 5,15.18a)

30

Die guten Auswirkungen des Ruhegebetes, die sich bis in unsere Handlungsweisen erstrecken, lassen eindeutig erkennen, wie einmalig und erfolgreich dieses Gebet ist. Diese Gebetsweise zu üben, bedeutet bereits eine große Gnadenzuwendung. Die Liebe, die der Herr unserer Seele erweist und mit der er sie näher an sich zieht, ist so erhaben, dass wir sie niemals voll erfassen können.

31

Du wirst eine berechtigte Frage stellen: Auf welche Weise kann ich das Ruhegebet üben und in den Besitz dieser Gnaden kommen, wenn man sich nicht darum bemühen soll? Meine Antwort lautet:
Notwendige Voraussetzung ist die Wertschätzung der Schöpfung und eine wachsende Liebe zum Schöpfer.

- Übe Demut gegenüber Gott und glaube nicht, dass du dir durch irgendeine Leistung Gnade verdienen kannst.

- Du kannst durch Hingabe im Gebet den Boden bereiten und somit deine Seele aufnahmebereit machen für sein Wort und seine Gnade, die an dich ergehen.
- Es liegt im geheimen Ratschluss Gottes begründet, zu welcher Zeit und auf welche Weise er dir seine Liebe zukommen lässt.
- Bemühe dich also nicht willentlich um seine Liebe und strebe auch nicht nach speziellen Gnadenzuwendungen. Jegliche Mühe, das lebendige Wasser in das Gefäß deiner Seele zu leiten, ist umsonst, wenn die Quelle es nicht von sich aus spenden will.

Du magst noch so viel theologisches Wissen anhäufen oder dich in der Betrachtung und in der Askese üben: Durch dein Wollen und Tun allein wird dir das lebendige Wasser seiner Gnade nicht zuströmen. Gott gibt es gerade dann, wenn du am wenigsten damit rechnest.

32

Vor dem Ruhegebet ist es ratsam, sich zurückzuziehen, um sich zu sammeln. Du musst nicht unbedingt einen extra ruhigen Platz aufsuchen oder die Augen schließen. Einen besonderen Aufwand zu treffen, ist nicht erforderlich. Erfahrungsgemäß schließen sich die Augen von ganz allein, und dein Inneres wünscht sich tiefe Ruhe. Die Wahrnehmung der äußeren Welt tritt von selbst zurück. Deine Sinne und die äußeren Dinge scheinen mehr und mehr ihr Recht zu verlieren, während die Seele ihr verlorenes Recht wiedergewinnt.

33

Wenn Gott dir diese Gnade gewährt, ist er dir in ganz besonderer Weise behilflich, ihn in deinem eigenen Inneren zu finden. Das Innewerden des Schöpfers in dir geschieht nicht durch den Verstand, der sich bemüht, Gott in deinem Inneren als gegenwärtig zu denken. Das Innewerden Gottes in dir geschieht auch nicht durch deine Einbildungskraft, die sich ihn in uns selbst vorzustellen sucht. Dies gehört in den Bereich der Betrachtung, ist jedoch kein Bestandteil des Gebetes der Ruhe.

Im Ruhegebet geschieht das Zurückweichen der Seele in dein Inneres ganz von selbst – ohne irgendein Dazutun deinerseits. Alle, die mit dieser Gebetsweise begnadet sind, machen diese Erfahrung. Es ist schwer, hier weitere erklärende Worte zu finden.

V. Kapitel

Das vertiefte mündliche Gebet, die erste Stufe des innerlichen Gebetes, führt zum Gebet der Ruhe. Du verhältst dich auf diesem Weg passiv und empfangend. Empfehlungen, wie du diesen Zustand erreichen und bewahren kannst.

34

Petrus von Alcántara, der von Teresa von Avila hoch geschätzte Lehrer, sagt in seinem Buch *„Betrachtung und das innerliche Gebet"*: *„Sobald man das Ziel erreicht hat, verlieren die Mittel, die uns das Ziel haben erreichen lassen, ihre Bedeutung. Die Überfahrt mit dem Schiff ist beendet, wenn man den Hafen erreicht hat. Wenn sich daher nach vielleicht mühevollen Anwegen beim Betenden tiefe Ruhe einstellt, sollte er vom anstrengenden Denken ablassen und mit einem einfachen Gedanken an Gott zufrieden sein. Er kann sich an allem, was sich ihm jetzt schenkt, erfreuen – ein Staunen, eine Liebe, ein Frohsein.*

Das Ziel dieses Gebetes liegt in der liebenden Hingabe des menschlichen Willens, dabei müssen wir jegliches schlussfolgernde Denken und Erforschen aufgeben. Dies muss geschehen, damit unsere Seele sich ungehindert aufrichten und aufmerken kann. Ein geistlicher Begleiter gibt den Rat, alles bewusste Denken und alle Erwartungen aufzugeben, sobald der Betende tiefe Ruhe spürt, in der seine Seele von der Liebe Gottes durchflutet wird. Die an sich guten und erhabenen

Gedanken können nämlich in diesem Zustand die Seele eines höheren Gutes berauben. Jegliche Anstrengung wie auch die Betrachtung wird aus Liebe zum innerlichen Gebet aufgegeben. Die Bewegung zum Ziel hin ist nicht mehr notwendig, wenn wir das Ziel erreicht haben.“ (XII,8)

35

Stelle alles Nachdenken ein, wenn du im innerlichen Gebet spürst, dass dich tiefe Ruhe umgibt und sich ein Schweigen in dir ausbreitet.

Erstens:
Der größte Beitrag, den du zu dieser Bewegung deiner Seele leisten kannst, besteht darin, nichts zu tun und nichts tun zu wollen. Das Aufgeben allen Denkens entspricht der Armut im Geiste – „arm“ und offen vor Gott sein, damit er uns in diesem Schweigen beschenken kann. Hier hat der Schöpfer allen menschlichen Anstrengungen eine Grenze gesetzt, die es einzuhalten gilt. Er ist der Geber, wir sind Empfangende. Gegenüber dieser Art des Hingabe-Gebetes gibt es viele andere geistliche Übungen, Gebete und Verhaltensweisen, die der Herr uns überlassen hat und in denen wir etwas tun können und müssen.

36

Zweitens:
Die Auswirkungen des innerlichen Gebetes ergeben sich auf sanfte und vor allem ruhige Weise. Jegliches Eingreifen oder eine anstrengende Unterstützung sind eher schädlich als nützlich. Auch bewusst gesteuerte Atemübungen gehören nicht hierher. Wenn du dich im Gebet der Ruhe den Händen Gottes überlässt, gib für diese Zeit deinen Willen, deine Gedanken und alle Erwartungen auf. Sei möglichst unbekümmert und suche keinen eigenen Vorteil.

Drittens:
Zwar solltest du nicht bewusst an etwas denken – die Sorge jedoch, an nichts zu denken, kann dich wiederum ganz in Anspruch nehmen, sodass du dir erst recht viele Gedanken machst. Löse dich auch von dieser Sorge.

Viertens:
Es entspricht der wahren Einstellung zu Gott, dass nicht wir an der ersten Stelle stehen, sondern in allem ihm den Vorrang geben. Wenn der Herr möchte, dass unsere Gedankentätigkeit aufhört, begnadet er unseren Verstand mit seiner Erleuchtung. Unserem Inneren leuchtet etwas ein, das unser natürliches Erkennen weit übertrifft und uns einfach hingebend staunen lässt.

37

Je weiter du im mündlichen Gebet durch Sammlung fortschreitest und Erfahrungen im anschließenden innerlichen Gebet machst, umso mehr musst du darauf achten, nicht vom Weg abzukommen. Das bedeutet, du sollst dich davor hüten, gegen die Gesetze der Schöpfung und damit gegen Gott zu verstoßen. Unterlasse nicht die Übung des innerlichen Gebetes. Wenn du in Ausnahmefällen unterbrechen musst, solltest du das Gebet so bald wie möglich wieder aufnehmen. Mit zunehmendem Fortschreiten werden auch die Anfechtungen, denen du ausgesetzt bist, intensiver. Das Gewicht deiner Fehler lastet in diesem höheren Zustand weitaus schwerer auf dir, als du es vielleicht gewohnt bist.

38

Zu langes und anhaltendes Beten ist unbedingt zu vermeiden – insbesondere, wenn körperliche Übungen damit verbunden werden. Achte auf deine Konstitution und schwäche sie durch nichts. Steigere dich nicht in religiöse Gefühle oder sogenannte innere Tröstungen. Ein derartiges Verhalten kann Zeitvergeudung sein oder deine Gesundheit zerstören.

39

Es gibt Menschen, die alles, was sie denken, gleich als Wirklichkeit erachten. Dies kann gefährlich werden. Um einer derartigen Einbildungskraft entgegenzuwirken, solltest du – gehörst du zu diesen Menschen – gesunde Aktivitäten in deinen Lebensrhythmus einbauen und zeitweilig oder ganz Abstand vom innerlichen Gebet nehmen.

VI. Kapitel

Gott ist im Seelengrund gegenwärtig. Der Verstand zweifelt – die Seele hegt Gewissheit.

40

Durch eigene Anstrengung können wir nicht zu unserem Seelengrund gelangen. Gott wird uns dahin führen und selbst dort zugegen sein. Damit seine Wunder an uns sichtbar werden, müssen wir ihm unseren Willen ganz überlassen. Der Herr lässt es nicht einmal zu, dass wir ihm die Tür zu unserem Seelengrund öffnen. Nein, er will bei verschlossenen Türen in unseren Seelengrund eintreten.

41

Das Wort Gottes gewährt uns größte Sicherheit. Vieles, was uns unmöglich erscheint, ruft in unserem Inneren jedoch Zweifel hervor. Auch der Verstand meldet seine Bedenken an, dass Verheißenes nicht erfüllt wird. Im Tiefsten unserer Seele aber herrscht eine solche Gewissheit, dass sie sich nicht einmal dem leisesten Hauch eines Zweifels hingeben kann. Obwohl alle äußeren Anzeichen eher auf das Gegenteil einer Gotteserfahrung hinweisen und vielleicht auch Jahre vergehen, ohne dass etwas in dieser Richtung geschieht, ist die Seele doch zutiefst von den Mitteln und Wegen überzeugt, die Gott finden wird, um Begegnung mit ihm geschehen zu lassen. Und dann geschieht etwas, von dem die Menschen nicht einmal eine Ahnung haben.

42

Trotz logischer Schlüsse, die Gegenteiliges beweisen, und trotz vieler Anfechtungen bleibt immer ein lebendiger Funke zuversichtlicher Hoffnung in unserer Seele, dass die gegebene Verheißung doch in Erfüllung geht. Dieser Hoffnungsfunke glimmt fort, bis endlich die Verheißung Gottes sich erfüllt. Unsere Seele ist dann so freudig gestimmt, dass sie ohne Unterlass Gott danken und preisen möchte.

43

Augustinus schreibt in seinen *„Bekenntnissen"*:
„Nicht mit zweifelndem, sondern mit sicherem Bewusstsein, Herr, liebe ich dich. Du hast mein Herz mit deinem Wort getroffen, und von da an liebte ich dich. Aber auch Himmel und Erde und alles, was in ihnen ist, rufen mir von allen Seiten zu, ich solle dich lieben, und unaufhörlich rufen sie es allen zu, sodass diese ‚unentschuldbar sind' (Römerbrief 1,20). Aber größer noch muss dein Erbarmen sein gegen den, dessen du dich erbarmst, und mehr Barmherzigkeit musst du dem erzeigen, gegen den du schon barmherzig warst; sonst würden Erde und Himmel dein Lob tauben Ohren verkündigen." (10. Buch, 6)

VII. Kapitel

Betrachtungen über das Leben Jesu, seinen Tod und seine Auferstehung sind von hohem Wert. Sie können – besonders auf der Grundlage des Ruhegebetes – zu einem tiefen Schweigen vor Gott führen. Überlasse dem Herrn, welchen Weg er dich führt.

44

Der Weg über die Betrachtung führt ebenso ans Ziel wie die anderen Wege, die hier angesprochen werden. Die Betrachtung beginnt mit einem Nachsinnen, also einer Aktivität des Denkens. Wir beginnen zum Beispiel, über die Gnade nachzudenken, die Gott uns erwiesen hat, indem er in Jesus Christus Mensch geworden ist. Nach diesem ersten Schritt folgen wir den Geheimnissen seines glorreichen Lebens.

Ein anderer Ansatz: Wir gehen in unserer Vorstellung den schmerzhaften Weg mit ihm – beginnend mit seinem Gebet im Garten Getsemani bis zur Kreuzigung.

45

Dieses Gebet kann jeder auf ganz einfache Art üben. Das Kirchenjahr gibt in schöner und besonderer Weise die Themen zur Betrachtung an. Unser Verstand stellt sich diese Geheimnisse lebendig vor, und sie prägen sich dem Gedächtnis tief ein. Unsere Seele nimmt die Eindrücke wahr, die dann zu bestimmten neuen Verhaltensweisen führen.

46

Betrachtungen dieser Art sind niemals ein Hindernis – im Gegenteil: Sie fördern das Gute und dienen der Entwicklung unserer Innerlichkeit. Auch auf diesem Anweg sollten alle Anstrengungen wie auch das schlussfolgernde Denken so weit wie möglich vermieden werden. Übst du bereits das Gebet der

Ruhe, gehst du innerhalb deines Gebetes nicht mehr den Weg über die Betrachtung, denn du gibst die bewusste Gedankenführung auf. Der Weg der Betrachtung kann letztlich auch in ein schweigendes Staunen übergehen und führt auf diese Weise zum Ziel.

47

Die Menschwerdung Gottes in Jesus Christus sollte während der Betrachtung zu einer bildhaften Vorstellung werden. Die Gegenwart Jesu in seiner Zeit war nicht nur für seine Mutter von höchstem Wert, sondern auch für seine Jünger und alle, die ihm begegneten. Wir dürfen uns an die hohen Zeiten seines Lebens erinnern und aus dieser Erinnerung Kraft schöpfen. Sie hilft uns ebenso, dem Geheimnis der Gegenwart Gottes auf die Spur zu kommen.

48

Teilst du deine Gebetserfahrungen jemandem mit, der zwar mit dem Beten vertraut ist, den Weg des innerlichen Gebetes jedoch nicht aus eigener Erfahrung kennt, wird er dich vorerst nicht verstehen. Im Gegenteil: Er wird diese Art zu beten zurückweisen und nicht gutheißen. Wähle daher nur jemanden zu deinem geistlichen Begleiter, der den gleichen Weg geht wie du und darin erfahren ist. Unsicherheit oder gar eine gewisse Angst, die sich leicht einschleichen, werden schwinden, sobald du dich einem vertrauten Menschen öffnest. Mit anderen solltest du über deine inneren Anliegen nicht allzu viel reden – dies würde nur Verwirrung schaffen.

49

Letztlich überlässt du es im Gebet der Hingabe dem Herrn selbst, welchen Weg er dich führt, denn nur so kannst du seinem Willen am besten entsprechen. Das Sicherste ist, nichts anderes zu wollen als das, was Gott will, der uns durch und durch kennt und mehr liebt als wir uns selbst. Der Weg dorthin ist der Gebetsweg der Hingabe. Du übst dich darin, dich ganz in seine Hände zu legen: deine Gedanken, deine Wünsche und Vorstellungen, deine Angst und deine Zweifel, deine Erwartungen und deine Freude.

Je weiter du durch das Hingabe-Gebet fortschreitest, umso weniger Fehler wirst du machen. Der Himmel offenbart dir täglich neu viele Gelegenheiten, das zu erahnen und dem auf die Spur zu kommen, was der Schöpfer für dich vorgesehen hat. Verzage nicht, wenn du zwischenzeitlich Durststrecken zu durchwandern hast.

VIII. Kapitel

Worte über den hier aufgezeigten geistlichen Weg sind und können nur Fragment bleiben. Die Mitteilung Gottes im Grund unserer Seele ist ein Geheimnis. Wir können dem aufstrahlenden Licht durch unser innerliches Gebet entgegengehen.

50

Der Weg des geistlichen Lebens kann bis ins Letzte niemals mit Worten erfasst werden. Wie die Größe Gottes, so haben auch seine Werke kein Ende. Alles, was über den geistlichen Weg gesagt wird, ist und bleibt daher nur Fragment.

Gott teilt sich seinen Geschöpfen auf unendlich vielen Wegen mit, die wir weder alle kennen noch jemals in Worte fassen können. Da wir die Sehnsucht Gottes sind und er uns unaussprechlich liebt, sollten wir unsere Seele, den Ort der Gotttesbegegnung, nicht gering achten. Erst langsam, mit der Zeit und mit fortschreitender Entwicklung werden wir die großen Geheimnisse, die in unserer Seele verborgen liegen, erahnen und ein-sehen.

51

Wir sollten daher alles tun, um das Kommen des Herrn in unseren Seelengrund nicht zu verzögern. Wichtig dabei ist, seiner Liebeszuwendung und dem Erweisen seiner Gnade keine Hindernisse in den Weg zu legen.

52

Wie Gott im Himmel eine Wohnung für uns bereitet hat, so muss auch in unserer Seele eine Stätte – oder, besser gesagt, ein Himmel-sein, in dem Gott gegenwärtig ist und eine Begegnung mit uns vorgesehen hat.

Meinen wir nicht, es herrsche in unserer Seele, da wir sie nicht sehen, eine gewisse Finsternis. Neben dem äußeren Licht, das wir wahrnehmen, erstrahlt in unserem Inneren ein anderes, viel helleres Licht. Je nachdem, wie wir unser Leben eingerichtet haben, werden wir das innere Licht unserer Seele mehr oder weniger erkennen. Und selbst dann, wenn wir nichts Lichtvolles in uns wahrnehmen, bedeutet dies nicht, dass unsere Seele finster ist. Gottes Gegenwart ist immer in uns und gibt uns das Sein – auch wenn Blockaden und ungute Bindungen das wahre Licht überschatten.

53

Wir dürfen unsere Seele nicht begrenzt oder wie in einen engen Raum eingeschlossen betrachten, sondern wie eine eigene innere Welt mit vielen Wohnstätten. Und im Inneren der Seele wohnt Gott selbst. Hier haben wir die Möglichkeit, Gott in uns zu begegnen.

54

Wenn er uns diese Gnade schenkt, verleiht er unserer Seele die Fähigkeit, in einem neuen Schauen Einsicht in diese uns erwiesene Gnade zu bekommen. Nun ist unsere Seele imstande, das in Wirklichkeit zu erkennen, was wir bisher nur durch Glauben festgehalten haben.

55

„Wenn jemand mich liebt, wird er mein Wort halten; mein Vater wird ihn lieben, und wir werden zu ihm kommen und bei ihm wohnen." (Johannes 14,23)

Du kannst diese Worte hören und sie glaubend annehmen. Doch welch ein großer Unterschied besteht zwischen diesem Akt des Glaubens und der eigentlichen Erfahrung dieser Wahrheit!

56

Die Auswirkungen unseres Fehlverhaltens verhindern jedoch immer wieder diese Erfahrung, nach der sich unsere Seele so sehr sehnt.

„Wie du, Vater, in mir bist und ich in dir bin, sollen auch sie in uns sein. Und ich habe ihnen die Herrlichkeit gegeben, die du mir gegeben hast; denn sie sollen eins sein, wie wir eins sind, ich in ihnen und du in mir." (Johannes 17,21a.22-23a)

Du darfst fest davon überzeugt sein, dass die Worte Jesu nicht trügen. Was uns jedoch immer wieder davon abhält, diese Glaubenserfahrung zu machen, ist unsere mangelnde Bereitung. Wir können uns von vielem nicht lösen, was dem Eindringen des Lichtes im Wege steht.

57

Gott möchte uns und damit auch unsere Seele an sich ziehen und ihr tiefe Ruhe und bleibenden Frieden schenken.

„Seht, die Wohnung Gottes unter den Menschen! Er wird in ihrer Mitte wohnen, und sie werden sein Volk sein; und er, Gott, wird bei ihnen sein." (Offenbarung 21,3)

„Gegen Abend kam die Taube zu Noach zurück, und siehe da: In ihrem Schnabel hatte sie einen frischen Olivenzweig." (Genesis 8,11)

Mitten im Gewässer und in den Stürmen dieser Welt hast du die Möglichkeit, festes Land in dir und damit tiefen inneren Frieden zu finden.

58

Du, Gott, weißt, wie viel für mich an diesem Frieden gelegen ist.
Gib mir die Einsicht und das Verlangen, ihn immer aufs Neue zu suchen.
Bewirke, dass alle deinen Frieden in ihrem Herzen tragen und lass nicht zu, dass wir ihn wieder verlieren.
Sei bei uns und führe uns dorthin, wo der wahre Friede niemals endet.
Doch schenke uns auch dann die Ruhe und den Frieden, wenn wir vorübergehend das Kreuz tragen müssen, um es zu überwinden.

59

Wenn du dich zum Beten hinsetzt, solltest du kein bestimmtes Ziel im Auge haben oder gar Erwartungen hegen. Rein gar nichts ist anzustreben – weder besondere Gefühle noch geistige Erkenntnisse. Deine Hauptaufgabe bei dieser Gebetsweise besteht darin, dich selbst zu vergessen und von dir aus nichts zu tun. Kräfte, die du zum Leben und zum Dienst an anderen und an Gott benötigst, schenken sich dir von selbst.

Marta und Maria (Lukas 10,38-42) müssen zusammenbleiben – jede auf ihre Art –, um den Herrn aufzunehmen und ihn für immer bei sich zu haben.

60

Achte in ganz besonderer Weise darauf, nicht ständig nach dem Unmöglichen zu verlangen. Setze neben dem Gebet, dem du den Vorrang geben solltest, deine Ziele nicht zu hoch an. Versuche vielmehr, dein eigenes Schicksal, wenn es unumgänglich ist, anzunehmen und zu tragen. Versuche, mit der Umwelt, in der du lebst, auszukommen und ihr Gutes zu erweisen. Du wirst somit ein größeres Werk der Liebe üben als nach dem zu trachten, was dir fern liegt. Möge es dir gelingen, diejenigen in deiner Nähe mit dem Feuer der Liebe Gottes anzustecken, deren Herz erkaltet und verschattet ist.

61

Achte aber in all deinem Tun darauf, keine Türme zu bauen ohne festes Fundament, denn nicht die Größe eines Werkes ist entscheidend, sondern die Liebe, mit der du es vollbringst. Bei diesem Vorgehen darfst du dir immer seiner Hilfe und Unterstützung gewiss sein.

Zweites Buch

Vom mündlichen Beten zum innerlichen Gebet und vom innerlichen Gebet zum Gebet der Ruhe. Einsichten und praktische Schritte, die du bedenkenlos und einfach nachvollziehen kannst.

I. Kapitel

Nicht alle gehen den gleichen geistlichen Weg.

1

Viele Menschen können nur mündlich beten. Das innerliche Gebet bleibt ihnen vorerst verschlossen. Ihr aktiver Geist ist so unstet, dass sie bei keinem gleichbleibenden Inhalt verweilen können, sondern immer in Unruhe sind.

Nicht wenige, die beten möchten, machen die Erfahrung: Immer, wenn sie sich auf Gott ausrichten, kommen ihnen tausend andere Gedanken in den Sinn – sogar Ungereimtheiten und Zweifel. Sicherlich werden diese Menschen, die nur mündlich beten, anderen, die den innerlichen Gebetsweg gehen, nicht nachstehen.

2

Auch Marta (Lukas 10,38–42) war überaus glücklich, denn sie durfte, nachdem sie den Herrn bedient hatte, mit ihm am selben Tisch essen. Es wird immer Menschen geben, die in ihrer Wesensart mehr Marta gleichen und andere, die von ihrem Wesen her geistig mit Maria verwandt sind. Da beide Wesensarten notwendig sind und sich ergänzen, sollte die eine nicht höher eingeschätzt werden als die andere.

3

Diejenigen, die den Weg des innerlichen Gebetes gehen, haben durchaus nicht den leichteren Weg gewählt. Die Einsichten und Erfahrungen sind hier oft mit Leiden verbunden, welches der Herr jedoch mitträgt. Er verleiht dann auch die Kraft, es bejahend anzunehmen.

II. Kapitel

Auf dem Weg des innerlichen Lebens wachsen Sehnsucht und Durst nach bleibenden Werten.

4

Jesus antwortete der Samariterin: „*Wer von diesem Wasser trinkt, wird wieder Durst bekommen; wer aber von dem Wasser trinkt, das ich ihm geben werde, wird niemals mehr Durst haben; vielmehr wird das Wasser, das ich ihm gebe, in ihm zur sprudelnden Quelle werden, deren Wasser ewiges Leben schenkt.*“ (Johannes 4,13-14)

Sehnsucht und Durst nach den bleibenden Werten, dem ewigen Leben, wachsen, wenn du bereits die ersten Schritte auf dem Weg des innerlichen Lebens getan hast. Du erkennst in dir den hohen Wert dieses Durstes, und du verlangst umso mehr, aus der Quelle des lebendigen Wassers zu trinken. Wenn Gott diesen deinen Durst stillt, ist es die größte Gnade, die er deiner Seele erweisen kann. Deine Sehnsucht nimmt zu, immer wieder von diesem Wasser trinken zu dürfen.

5

Eine der Haupteigenschaften des Wassers ist, dass es kühlt. So ungeordnet und heiß es in dir auch sein mag: Das Wasser ordnet, und die Hitze in dir schwindet. Selbst ein starkes und großes Feuer, das nichts Unterwerfendes kennt, wird durch das Wasser ausgelöscht.

6

Eine andere Eigenschaft des Wassers ist, dass es reinigt. Wie sähe es wohl in der Welt aus, gäbe es kein Wasser zum Waschen? Um wie viel mehr reinigt das lebendige und himmlische Wasser die Seele? Vermag deine Seele dieses Wasser zu trinken, wird sie frei und rein von allem, was sie auf dem Weg zu Gott hindert. Doch dieser Schritt liegt nicht bei dir: Gott lässt deine Seele trinken.

7

Betest du mit Worten oder in Gedanken, führt dieses verstandesmäßige Beten nicht so leicht zu dem lebendigen Wasser. Diese Gebetsweise wird zu einem großen Teil von äußeren Dingen beeinflusst: von der Befindlichkeit unseres Körpers, von aufkommenden Gedanken und Wünschen wie auch manchmal von nicht wünschenswerten Regungen. Einige dieser Kräfte stellen sich deiner Seele erfahrungsgemäß in den Weg oder hängen ihr an.

8

Betrachtest du zum Beispiel in deinem Beten die eitlen Dinge dieser Welt und ihre Vergänglichkeit, besteht die Möglichkeit, dass du dich – ohne es zu bemerken – in deinen Gedanken bei den weltlichen Dingen befindest, die dir allzu lieb sind. Aber auch gerade dann, wenn du darüber nachdenkst, wie du dich von manchem losmachen und befreien kannst, setzt du dich einer neuen Gefahr aus. Diese Sorge übernimmt dagegen beim innerlichen Gebet der Herr selbst. Er erhebt dich in seine Nähe und zeigt deiner Seele in einem Augenblick mehr Wahrheiten und gibt dir eine klarere Einsicht, als du sie beim Gebet der Betrachtung in vielen Jahren erreichen könntest. Bei der durch unsere eigenen Gedanken ausgelösten Betrachtung ist der Blick nicht frei. Wir werden durch den Staub geblendet, den wir selbst aufwirbeln. Beim innerlichen Gebet führt und geleitet uns der Herr zum Ziel unseres Weges – ohne dass wir wissen, wie.

9

Die dritte Eigenschaft des Wassers besteht darin, den Durst zu löschen. Durst ist gleichzusetzen mit dem Verlangen nach Lebensnotwendigem. Wassermangel nimmt uns das Leben, wie auch ein Überfluss an Wasser, der uns ertrinken lässt. Bitte den Herrn, dass er dir das lebendige Wasser reiche und es dir nach deinem Vermögen zuteile. Bitte auch für die vielen, die im Überdruss an der Welt gleichsam ertrunken sind, damit Gott ihnen neues Leben schenke.

10

In dem, was Gott dir gibt, kann es kein Zuviel und kein Zuwenig geben. Gibt er dir eine Fülle von diesem Wasser, macht er deine Seele auch fähig, die dir zugedachte Menge lebendigen Wassers aufzunehmen.

11

„Kommt alle zu mir, die ihr euch plagt und schwere Lasten zu tragen habt. Ich werde euch Ruhe verschaffen." (Matthäus 11,28)

Wie kannst du da noch zweifeln an der Wahrheit seines Wortes? Hat er nicht auch dich eingeladen und lädt dich immer wieder ein?

„Am letzten Tag des Festes, dem großen Tag, stellte sich Jesus hin und rief: Wer Durst hat, komme zu mir, und es trinke, wer an mich glaubt. Wie die Schrift sagt: Aus seinem Inneren werden Ströme von lebendigem Wasser fließen." (Johannes 7,37-38)

Seine Einladung, vom lebendigen Wasser zu trinken, richtet er ausnahmslos an alle. Du darfst sicher sein – vorausgesetzt du bleibst auf deinem Weg nicht stehen –, dass auch du aus dieser lebendigen Quelle trinken darfst.

III. Kapitel

Tue den ersten Schritt auf dem königlichen Weg.

12

Es ist viel daran gelegen und bedeutsam, wie du den Weg des innerlichen Gebetes beginnst. Wenn du nur einen Schritt gehen würdest, so hat doch dieser eine Schritt eine so große Kraft in sich, dass du ihn niemals umsonst gemacht hast. Selbst, wenn du auf diesem Weg nicht weitergehen solltest, wirst du immerhin neue Einsichten bekommen, um auf eventuell anderen Wegen gute Fortschritte zu machen. Generell darfst du aber sicher sein, dass es dir in keiner Weise schaden wird, den Weg des innerlichen Gebetes zu gehen – auch, wenn du ihn einmal wieder verlassen solltest.

13

Möchtest du nun den Weg des innerlichen Gebetes gehen, ist einiges zu beachten. Wisse, dass es ein königlicher und sicherer Weg zum Himmel ist, der dir nicht nur Fortschritt schenkt, sondern auch einen großen Schatz in sich birgt.

14

Hast du dich entschlossen, das innerliche Gebet zu üben, solltest du dir fest vornehmen, nicht davon abzulassen – auch und besonders bei Hindernissen, die sich leicht einstellen. Möge kommen und geschehen, was will: Hab keine Angst vor diesen Vorkommnissen und lass dich durch nichts abhalten.

15

Lass dich also durch nichts und niemanden täuschen, der dir einen anderen Weg zur geistlichen Entwicklung als den des Gebetes zeigen will. Zu dem allgemein bekannten mündlichen Beten sollte das innerliche hinzukommen. Vergiss nicht diesen Rat – vielleicht brauchst du ihn noch einmal sehr. Und hab keine Angst: Der Weg des Gebetes kann niemals ein gefährlicher sein.

16

Sagt man dir, das innerliche Gebet bringe Gefahr mit sich, liegt es an denen, die das innerliche Gebet bereits über eine längere Zeit üben, durch Taten zu beweisen und zu überzeugen, wie vorteilhaft und gefahrlos diese geistliche Übung ist.

17

Schlag dir alle Befürchtungen aus dem Sinn, da nichts zu fürchten ist. Wenn jemand dich fragt oder dir gar Furcht einjagen will, erkläre ihm in Ruhe dein Vorhaben.

IV. Kapitel

Durch dein Beten bekommst du Mut und die Kraft, erste Bedenken beim innerlichen Gebet zu überwinden.

18

Das Wesen des innerlichen Gebetes besteht nicht nur im Nicht-Sprechen und im Schließen des Mundes. Indem du Gebetsworte innerlich sprichst und dich gleichzeitig auf Gott hin ausrichtest, geschieht ein Aufmerken deiner Seele. Achte nicht auf die Worte selbst, sondern lass schweigend geschehen, was geschehen möchte. Während der Gebetsworte an etwas anderes zu denken, ist ein Hemmnis, über das hier nicht weiter gesprochen werden soll.

Bedenke, wen du mit deinem Gebet ansprichst und bedenke, wer es ist, den du anrufst und um etwas bittest.

19

Ich bitte dich um dein Erbarmen durch Jesus Christus, unseren Herrn und Gott, der mit dir lebt und liebt in alle Ewigkeit.
Ich lobe dich, Herr, und preise dich, denn dein ist das Reich und die Kraft und die Herrlichkeit in Ewigkeit.
Wenn ich zu dir, Herr, bete, lass nicht zu, dass es nur ein Beten mit den Lippen ist. Lass meinen Mund schweigen und führe mich zum innerlichen Gebet.
Gib mir ein Gespür für dieses Beten und die Einsicht, dass dieser Weg in deine Nähe und zu dir führt.

20

Herr, ich bitte dich um Durchhaltevermögen und die Kraft, mich nicht vom Weg abbringen zu lassen.
Geleite mich in deinem großen Erbarmen auf den rechten Pfad zurück, sollte ich ihn aus Eigensinn verfehlt haben.
Lass mich nicht wahllos umherschweifen und in die Irre gehen;
lass mich keine kostbare Zeit verlieren, um nicht verspätet am Ziel meiner Reise anzukommen.

21

Während des innerlichen Gebetes schenkst du dem Herrn vornehmlich deine Zeit. Lass nicht davon ab und nimm dieses Geschenk an ihn auch nicht zurück. Denke daran, wie viel Zeit du mit dir selbst und mit anderen verbringst! Wenn wir nun dem Herrn einen Teil unserer Zeit schenken, dürfen wir unseren Geist nicht mit anderen Dingen beschäftigen. Lerne, diese deine Zeit ihm völlig zu überlassen und betrachte sie nicht mehr als dir gehörig.

22

Hast du dich zum innerlichen Gebet fest entschlossen und bist beharrlich im Üben, bietest du schon im Vorhinein vielen Widerwärtigkeiten die Stirn. Dies bedeutet allerdings nicht, dass du dich ausruhen kannst. Im Gegenteil: Sei beständig auf der Hut! Je tiefer du durch das Gebet die innere Ruhe stabilisierst, umso mehr Kräfte werden freigesetzt, die sie wieder zerstören wollen. Du erkennst dies daran, dass du plötzlich vor ungeahnten sogenannten Schwierigkeiten stehst und dich sogar davor fürchtest, den Weg weiterzugehen.

23

Lass dir erneut den Rat geben, nicht mehr umzukehren – komme, was wolle. Hast du das Ziel im Auge, werden dich vorübergehende Anfeindungen nicht erschüttern und aus der Bahn werfen. Du darfst das große Vertrauen haben, immer auf der Seite des Lichtes zu stehen, wenn du dich nicht durch Widergöttliches beirren lässt.

24

Fürchte dich daher nicht, auf dem Weg des innerlichen Gebetes zu verdursten. Der Herr selbst lädt dich immer wieder ein, aus der Quelle des lebendigen Wassers zu trinken. Dies sei dir besonders dann zur Ermutigung gesagt, wenn du die Güte des Herrn noch nicht bewusst erlebt hast.

25

In der Bergpredigt spricht der Herr vom Vertrauen beim Beten: *„Bittet, dann wird euch gegeben, sucht, dann werdet ihr finden, klopft* *an, dann wird euch geöffnet. Denn wer bittet, der empfängt; wer sucht, der findet; und wer anklopft, dem wird geöffnet.“* (Matthäus 7,7–8)

Solltest du noch zögern, mit dem innerlichen Gebet zu beginnen, lass es auf eine Probe ankommen. Du darfst sicher sein, nichts zu verlieren, denn dieser Weg besitzt die gute Eigenschaft, dass du weitaus mehr empfängst, als du dir vorstellen kannst. Menschen, die aus früherer und heutiger Zeit davon Zeugnis geben, sind zahlreich. Mögen sie dich ermutigen, erste Bedenken zu überwinden.

V. Kapitel

Wie du den Übergang vom mündlichen Gebet zum innerlichen Gebet bereiten kannst.

26

Zum Beten sollst du dich zurückziehen und – wenn es eben möglich ist – die Einsamkeit suchen. *„Du aber geh in deine Kammer, wenn du betest, und schließ die Tür zu; dann bete zu deinem Vater, der im Verborgenen ist. Dein Vater, der auch das Verborgene sieht, wird es dir vergelten.“* (Matthäus 6,6)

Lass es niemals zu, mit deinem Schöpfer Kontakt aufzunehmen und zugleich mit der Welt zu reden. Es gibt Menschen, die während des Betens aufpassen und zuhören, was andere reden, oder während des Betens den eigenen einfallenden Gedanken Aufmerksamkeit geben.

27

Stellt sich jedoch keine Ruhe in deinem Inneren ein, bete so gut, wie du es vermagst, oder bete nicht. Beschäftige dich mit für dich Gutem und tue etwas Entsprechendes, um deiner Seele Erleichterung zu verschaffen.

28

Selbst aus dem mündlichen Gebet kannst du großen Gewinn ziehen. Beim Beten des Vaterunser oder eines anderen Gebetes ist es durchaus möglich, wie von selbst in das innerliche Gebet hineinzukommen. Der Herr würdigt dein Beten, indem er dir das Wort aus deinem Mund nimmt, sodass du – auch wenn du wolltest – nicht mehr sprechen kannst. Er zieht dabei all deine Gedanken an sich und schenkt deinem Verstand Ruhe. Du spürst bis in dein tiefstes Inneres, wie jegliche Anstrengung aufgehoben ist. Dein Sprechen und Tun würde dir in diesem Zustand eher schaden als nützen. Du lässt dich nach innen bewegen, verstehst aber die Zusammenhänge vorerst nicht; du empfindest ein Strömen von Liebe, weißt aber nicht, was in dir zum Schwingen gekommen ist. Eines aber begreifst du: Diese Heil bringende Erfahrung ist ein Geschenk des Herrn des Himmels und der Erde, das du dir nicht durch eigene Verdienste erwerben kannst.

29

Das innerliche Gebet ist ein wunderbarer Anweg zu diesem Zustand, den wir als Geschenk des Herrn empfangen. Es geht also ein Bedenken und Erkennen dessen voraus, was wir beten, wer der ist, den wir im Gebet anrufen und wer wir sind.

Du kannst somit durch das mündliche Gebet, wie zum Beispiel durch das Vaterunser und das Ave-Maria, in das innerliche Gebet hineinkommen und von hier aus weiter in einen Zustand der Ruhe, in dem deiner Seele unendliche Liebe zufließt. Ein echtes und tiefes mündliches Gebet tritt daher gleich in Verbindung mit dem innerlichen Gebet. Beim ersten Gebet kannst du mit der Hilfe des Herrn selbst etwas tun. Der weitere Weg jedoch übersteigt unser menschliches Vermögen. Wir geben uns ganz in die Hände Gottes, sodass er allein in uns wirken kann.

30

Was kannst du also tun, um – vom mündlichen Gebet ausgehend – zum innerlichen Gebet zu kommen? Ratsam ist ein kurzer Rückblick auf das, was dir seit deinem letzten Gebet begegnet ist. Horche behutsam, was dir dein Körper und deine innere Stimme sagen. Spüre die Glaubenswahrheit, die dir jetzt am nächsten ist. Mache zu Beginn deines Gebetes ein Kreuzzeichen und wisse, dass der Herr immer gegenwärtig ist. In seiner großen Liebe zu dir möchte er dich führen und unterweisen. Er steht dir immer zur Seite.

31

Bitte den Herrn, er möge deine vielen Gedanken zur Ruhe kommen lassen. Wenn du ihn in Demut und Hingabe anrufst, wird er sich dir ganz zuwenden. Nimm dir Zeit mit dieser Gebetsübung und erzwinge nichts.

32

Unterlasse jegliches Nachsinnen, treibe nicht deine Gedanken an, versuche, weder Gott zu verstehen noch stelle scharfsinnige Erwägungen in den Mittelpunkt deines Denkens. Von uns aus vermögen wir nur das eine zu tun: ihn anschauen mit den Augen unserer Seele. Wenn du in der Lage bist, mit den Augen des Leibes dieses und jenes in der Welt zu schauen, sollte es dir da nicht möglich sein, auch mit den Augen der Seele zu sehen? Der Herr wendet seine Augen niemals von dir ab; solltest du dich gegen ihn gewendet haben, darfst du sicher sein, dass er sein Angesicht weiter über dir leuchten lässt. Wie kann es dir da jemals zu viel werden, deine Augen von den äußeren Dingen abzuwenden und ihn anzuschauen? Wenn du nach ihm verlangst, wirst du ihn auch finden.

33

Bringe ein bisschen Mut auf und richte deinen Blick nach innen, um den Herrn wahrzunehmen. Diese Einkehr ist von keiner Gefahr begleitet, sodass du ganz beruhigt sein kannst.

34

Wie das mündliche Gebet, kann auch ein gutes geistliches Buch für dich den Weg in die Innerlichkeit bereiten. Es wird dir auch helfen, dein mündliches Gebet gesammelter auszudrücken. Denke dir, deine Seele sei vor vielen Jahren ihrer eigentlichen Heimat entlaufen. Sei daher klug und versuche, sie dahin zu bringen, dass sie gern wieder zurückkehrt. Im Eigentlichen kennt unsere Seele sich selbst nicht mehr. Wir haben uns zu sehr daran gewöhnt, ausschließlich eigenen Gedanken nachzugehen, die uns neben mancher Erfüllung auch großes Leid bereiten. Es liegt nun an dir, deiner Seele Selbstvertrauen und Liebe zukommen zu lassen, sodass sie ihren Weg nach Hause wiederfinden kann. Durch dein Fühlen, Denken und Handeln wie auch durch Gelassenheit kannst du diesen seelischen Heilungsprozess unterstützen.

35

Vor allem bedarf es der Einübung und Umgewöhnung in diese Haltung, damit du Früchte in deinem Alltag ernten kannst. Es wird sich eine Fülle von guten Veränderungen ergeben, die im Einzelnen jedoch nicht voraussagbar sind. Du wirst neue Einsichten erhalten, tiefere Zusammenhänge schauen und lernen, was der Herr dich lehren möchte. Halte durch und kehre dem begonnenen Weg nicht den Rücken. Dein Herr und Meister ist dir ganz in Liebe zugetan. Davon zeugen die Worte, die er dir eingibt. Wenn du dich ihm gegenüber immer wieder öffnest, kannst du sie wahrnehmen und leben, um deinen Alltag zu bereichern.

VI. Kapitel

Die Seele zieht ihre nach außen gerichteten Kräfte zurück und kehrt in ihr Inneres ein, um Gott dort zu begegnen. Er schenkt dir als Erstes das Gebet der Ruhe. Was du zur inneren Sammlung und Einkehr beitragen kannst, damit tiefere Ruhe und Gottes Nähe erfahrbar werden.

36

Hast du erst einmal erkannt, welch große Gnade dir vom Vater des Himmels und der Erde zuströmt, wird dein Herz voll Dankbarkeit sein und du wirst nicht mehr an vergänglichen Dingen dieser Welt hängen.

37

Er ist dein Vater, der dich trägt und erträgt, wenn du gegen ihn handelst. Kehrst du wieder zu ihm zurück – besonders durch Hingabe an ihn im innerlichen Gebet –, wird er dir alle deine Beleidigungen verzeihen und dich wie den verlorenen Sohn in Liebe aufnehmen. Er, in dem die Fülle alles Guten ist, wird dich am Leben erhalten, dich in deiner Trauer trösten, dich an seiner Herrlichkeit teilnehmen lassen und dich zum Erben seines Reiches machen.

38

Herr Jesus Christus, wie klar zeigst du mir, dass du eines Wesens mit dem Vater bist.
Deutlich spüre ich deine Liebe, die du zu mir trägst.
Du bist Gottes Sohn und du setzt dich für mich in dieser Welt ein.
So geschehe im Himmel, was du auf Erden gesprochen hast.
Sei gepriesen, Herr, denn du möchtest mir immer und überall Gutes erweisen.

39

In seinen *„Bekenntnissen"* schreibt Augustinus, wie er Gott in der äußeren Welt gesucht und ihn endlich in seinem eigenen Inneren gefunden hat.

„Spät habe ich dich geliebt, du Schönheit, ewig alt und ewig neu, spät habe ich dich geliebt. Und siehe, du warst in meinem Inneren und ich war draußen; und draußen suchte ich nach dir; und auf das schön Gestaltete, das du schufst, stürzte ich mich in meiner Ungestalt. Du warst bei mir, aber ich war nicht bei dir. Die Dinge hielten mich fern von dir, die gar nicht wären, wären sie nicht in dir. Du hast mich laut gerufen und meine Taubheit zerrissen. Du hast geleuchtet und geblitzt und meine Blindheit verscheucht. Du hast mir Duft zugeweht, und ich atmete ihn ein, und nun sehne ich mich nach dir. Ich habe dich geschmeckt, und nun hungere und dürste ich nach dir. Du hast mich berührt, und ich bin entbrannt nach deinem Frieden." (X. Buch, 27)

Es ist sehr wichtig, dass auch du diese Wahrheit erfährst, um nicht erst zum Himmel aufsteigen zu müssen, um dem in deinem Inneren zu begegnen, den du schon lange suchst. Du brauchst nicht laut zu rufen; er ist dir so nahe, dass er dich immer hört. Um ihn zu suchen, bedarfst du keiner Flügel. Die Einkehr in dein Inneres genügt, damit du ihn dort finden kannst.

40

Hüte dich vor falsch verstandener Demut. Der Herr des Himmels und der Erde wohnt in deinem Haus, und du bist nicht bereit, ihm eine Antwort zu geben, bei ihm zu bleiben und verweigerst gar noch sein Geschenk an dich? Er möchte sich an dir erfreuen – so, wie du dich an ihm erfreuen möchtest. Zögere nicht, ihm zu begegnen; sei bescheiden und entschlossen.

41

Der Herr wird dich lehren, was du zu tun hast. Sei nicht einfältig, sondern bitte ihn, bei ihm verweilen zu dürfen. Diese

Gebetsweise, die mit dem mündlichen Gebet beginnt, ist die der Sammlung. Die Seele zieht dabei ihre nach außen gerichteten Kräfte zurück und kehrt in ihr Inneres ein, um Gott dort zu begegnen. Von ihm selbst wirst du jetzt unterwiesen. Als Erstes schenkt er dir das Gebet der Ruhe und lässt dich darin tiefen Frieden erfahren.

42

Auf diese Weise kannst du in den Himmel deiner Seele einkehren, in der der Schöpfer wohnt. Übe diesen inneren Weg ein und „schaue" auf nichts anderes als auf ihn. Bete daher auch nicht an Orten, an denen du abgelenkt wirst und deine äußere Sinneswahrnehmung bald in diese, bald in jene Richtung gezogen wird. Du näherst dich in dieser tiefen Ruhe der Quelle und wirst bald aus ihr das lebendige Wasser trinken. Übst du häufig diese Einkehr und gehst den inneren Weg über das mündliche Gebet, die Sammlung und das Gebet der Ruhe, wirst du schon sehr bald große Fortschritte machen. Bei gutem Wind wirst du mit einem Schiff schneller und leichter ans Ziel deiner Reise gelangen, als wenn du zu Fuß den Landweg beschreitest.

43

Verlasse also während der Zeit des Gebetes das Land, um durch Sammlung und Ruhe von der Erdenschwere loszukommen, das heißt von allem, was an Ungutem an dir haftet. Ein Leichterwerden und Zur-Ruhe-Kommen wird schon sehr bald deine Erfahrung sein. Wie in einem Flug wird dir die Vergänglichkeit dieser Welt bewusst. Halte nichts fest, sondern gib deiner Seele im Gebet die Möglichkeit, sich vorübergehend in ihr Inneres zurückzuziehen. Die äußere Welt nimmst du jetzt nicht mehr wahr – du verschließt förmlich vor ihr die Augen – um noch klarer mit den Augen der Seele schauen zu können.

Ganz von selbst schließen daher alle, die den innerlichen Gebetsweg gehen, während der Zeit des Gebetes ihre Augen.

Das Ausschalten der äußeren Wahrnehmung ist eine sehr hilfreiche Unterstützung auf dem Weg nach innen. Anfangs bedarf es vielleicht noch der Gewöhnung – später jedoch wirst du dir oftmals wünschen, nach dem Beten die Augen noch länger geschlossen halten zu können.

44

Du spürst bei dieser Gebetsweise, wie deine Seele an Stärke und Kraft gewinnt. Beginnst du mit dem Gebet, wirst du gleich wahrnehmen, wie deine Sinne sich zurücknehmen und sammeln – Bienen gleich, die zum Korb fliegen, um darin den Honig zu bereiten. Dieser Vorgang geschieht anstrengungslos und leicht. Deine Gedanken werden sich allerdings in der Folge wieder nach außen wenden und abschweifen. Dies ist das Zeichen für dich, sie wieder zurückzuholen und erneut nach innen, zu dem Einen, einzukehren. Durch Übung und mit der Zeit werden die abschweifenden Gedanken durch einen kleinen Willensimpuls sehr schnell zu dir zurückkehren, bis der Herr dir nach wiederholtem Rückzug in dein Inneres längere Phasen der Ruhe in deiner Seele schenkt.

45

Durch dieses Gebet, durch das du in die Einsamkeit und das Schweigen deiner Seele eintauchst, bist du mehr und mehr vor falschen Entscheidungen und Handlungen gegen dich, den Nächsten und Gott geschützt. Da du der Glut der göttlichen Liebe immer näher kommst und nichts Äußeres hinderlich ist, genügt ein kleiner Funke, der dich berührt, um dich zu entflammen.

Sei wachsam und achte darauf, wie du dir diese vortreffliche Gebetsweise aneignen kannst. Nimm auch kleine Randbemerkungen und Hinweise wahr; sie helfen dir, auf dem Gebetsweg schnell voranzuschreiten.

46

Gehe behutsam mit dir und deiner Innerlichkeit um, denn du besitzt in dir etwas unvergleichlich Kostbares, wie du es in der äußeren Welt niemals wahrnehmen kannst. Da der Schöpfer selbst in dir wohnt und anwesend ist, ist jeder Gedanke und jedes Gefühl, du seiest inwendig leer, unwahr. Erinnere dich des Öfteren an seine Gegenwart in dir, dann werden die Situationen und Dinge dieser Welt keine außerordentliche Macht mehr über dich gewinnen.

47

Vielleicht gab es in deinem Leben eine Zeit, in der du zwar eingesehen hast, dass du eine Seele besitzt, doch ihren so hohen Wert nicht erkannt hast. Vielleicht waren deine Augen ganz nach außen gerichtet und es war dir nicht vergönnt, nach innen zu schauen. Hättest du früher die Anwesenheit des Herrn in dir erkannt, würdest du bestimmt den großen König, der in deiner Seele wohnt, nicht so häufig oder immer allein gelassen haben. Auch hättest du dich bestimmt eher darum bemüht, deiner Seele kein Leid zuzufügen und sie vor Unreinheiten zu bewahren.

48

Er, der das ganze Weltall und unendlich viel mehr mit seiner Größe füllen kann, ist in deiner kleinen Seele gegenwärtig. Welch ein überaus großes Wunder. Weil er der Schöpfer alles Geschaffenen ist, behält er in Wahrheit seine Freiheit; weil er uns liebt, passt er sich unseren Gegebenheiten an. Und um uns nicht zu beunruhigen, gibt er anfangs unserer Seele seine unendliche Liebe und Größe nicht zu erkennen. Nur ganz allmählich lässt er sie wachsen und erweitert ihr Fassungsvermögen, damit sie fähig wird, das anzunehmen, was der Herr in sie hineinlegen möchte.

Unsere Aufgabe besteht darin, uns dem Herrn vorbehaltlos hinzugeben und alles aus dem Weg zu räumen, was eine Begegnung mit ihm verzögert oder gar verhindert.

49

Das Bewusstsein von der Gegenwart Gottes in dir wird hilfreich sein, den Weg zu ebnen. Er will nicht, dass wir uns im Gebet mit vielem Reden aufhalten und anstrengen. Seine Freude ist es, einfach bei uns zu sein – eine Freude, die er mit uns teilen möchte.

50

Bereits in dieser Welt und Zeit wirst du mit Gottes Hilfe ein sehr hohes Gut erreichen können:

- Weltliche Probleme haben nicht mehr die Macht, dich völlig zu besetzen.
- In deinem Inneren fühlst du tiefe Ruhe, die bereits an Herrlichkeit grenzt.
- Deine Freude, besonders, wenn andere sich freuen, ist groß.
- Du lebst in Frieden und schenkst ihn weiter.
- Du begegnest Menschen, die den gleichen Weg gehen und die gleiche Sprache sprechen.
- In deinem Fühlen, Denken und Handeln machst du weniger Fehler und es ist dir kaum mehr möglich, den Schöpfer und seine Schöpfung zu stören.
- Eine tiefe Gottesliebe erfüllt dich und deine Seele kann nicht aufhören, Gott zu lieben.

51

Da du dich in dieser Welt auf dem Weg befindest und ständig in Bewegung bist, kann deine Seele noch nicht das höchste Gut vollkommen genießen. Doch manchmal schenkt der Herr den müden Wanderern eine Ruhe der Seelenkräfte und einen Frieden der Seele, um uns einen Vorgeschmack auf das zu geben, was uns erwartet. Durch diese heilenden Augenblicke, die der Herr uns immer wieder gewährt, verlieren wir nicht den Mut und schauen hoffnungsvoller auf Zukünftiges.

VII. Kapitel

Körper, Geist und Seele nehmen die tiefe Ruhe im fortgeschrittenen innerlichen Gebet auf. Es werden einige Erfahrungen beschrieben, die dich auf dem Weg des Ruhegebetes weiterbringen, damit du dein geistliches Leben kreativ mit deinem aktiven Leben verbinden kannst.

52

Du weißt: Durch das mündliche Gebet kannst du wie von selbst zum Gebet der Ruhe geführt werden. Die eine Gebetsweise schließt daher die andere nicht aus. Viele haben auf ihrem geistlichen Weg mit dem mündlichen Gebet begonnen und sind unbemerkt in ein tiefes Staunen und Schweigen der Seele eingetreten. Gerade durch das Beten des Vaterunser kannst du zum innerlichen Gebet geführt werden und damit in ein Schweigen vor Gott. Die ruhevolle Wachheit in der Gottesnähe ist die beste Voraussetzung, ihm zu begegnen und von ihm berührt zu werden.

53

Machst du Fortschritte im Gebet der Ruhe, so beginnt der Herr, dir zu zeigen, dass er deine Bitten erhört.

54

Erfährst du in diesem Gebet Ruhe deiner Seele, darfst du sicher sein, dass du diesen Zustand nicht durch eigenes Vermögen erreicht hast – weder durch dein Wollen noch durch irgendeine Anstrengung. Durch seine lebendige Gegenwart in dir versetzt der Herr deine Seele in übernatürliche Ruhe und Frieden.

Diese lichtvolle Erfahrung wurde Simeon im Tempel von Jerusalem geschenkt: *„Nun lässt du, Herr, deinen Knecht, wie du gesagt hast, in Frieden scheiden. Denn meine Augen haben das Heil gesehen, das du vor allen Völkern bereitet hast, ein Licht, das die Heiden erleuchtet, und Herrlichkeit für dein Volk Israel."* (Lukas 2,29-32)

Wenn deine Seele im Gebet der Ruhe die Nähe Gottes erkennt, geschieht diese Wahrnehmung auf völlig andere Weise, als du sie durch deine äußeren Sinne gewohnt bist. Dieser Vorgang ist unbeschreiblich, da die Seele selbst nicht einmal begreift, was mit ihr vorgeht und wie sie erkennt. Der innere und äußere Zustand, wenn die Seele in eine größere Nähe Gottes rückt, ist mit einer Ohnmacht zu vergleichen, bei der du allerdings hellwach bist. Weder möchtest du dich körperlich bewegen noch irgendeine Gedankenaktivität aufnehmen. Im Gebet der Ruhe gleicht deine Seele einem Wanderer, der sich ausruht, um dann gestärkt seinen Weg fortzusetzen. Der Wanderer weiß um das Ziel und spürt im Ausruhen, dass der Weg dorthin nicht mehr weit sein kann.

55

Dein Körper empfindet eine außerordentliche Leichtigkeit und deine Seele einen großen Frieden. Sie ist ganz erfüllt davon. Die Seelenkräfte befinden sich in einer solchen Ruhe, dass sie sich nicht entfalten möchten. Du hast den nachhaltigen Wunsch, in diesem Zustand der Ruhe zu bleiben, um nicht den Frieden zu verlieren. Für Augenblicke hast du das Gefühl, nicht mehr in dieser Welt zu sein.

Wie Petrus auf dem Berg der Verklärung möchtest du alles bewahren und festhalten. *„Herr, es ist gut, dass wir hier sind. Wenn du willst, werde ich hier drei Hütten bauen."* (Matthäus 17,4) Doch nach kurzer Zeit musste auch Petrus den Berg wieder hinabsteigen.

56

Es kommt nicht selten vor – daher ist es wichtig für dich, davon zu wissen –, dass jemand, der anhaltend diese tiefe Ruhe im Gebet erfahren hat, sie mit hineinnimmt in seine Alltagsaktivitäten. Du handelst und bist gleichzeitig völlig in Ruhe. Anfangs wirst du diesen Zustand, der höchstens zwei Tage andauert, kaum verstehen können, doch brauchst du dich in keiner Weise zu ängstigen. Deine Leistungen werden in diesen Tagen weitaus brillanter sein als zuvor.

57

In diesem erwähnten Zustand, der eine große Gnade bedeutet, ist das tätige Leben mit dem sogenannten beschaulichen Leben aufs Engste verbunden.

VIII. Kapitel

Einblick in das Wesen des Ruhegebetes und praktische Schritte, die du bedenkenlos und einfach nachvollziehen kannst. Vom Umgang mit störenden Gedanken. Du darfst das Himmelreich im Haus deiner Seele wahrnehmen.

58

Im Gebet der Ruhe wirst du erkennen, dass du nicht durch dein Wollen oder Denken weitergeführt wirst, sondern die Erfahrung tiefer Versenkung und Ruhe ein Geschenk an dich ist. Versuche nicht, diese Befindlichkeit, die mit so Wunderbarem verbunden ist, festzuhalten. Du kannst auch den Tag nicht anhalten, wenn die Nacht hereinbrechen möchte. Das für dich bereitstehende große Geschenk darfst du bedenkenlos annehmen und dafür danken. Weder kannst du es vergrößern noch verkleinern, weder danach verlangen noch es festhalten, wenn seine Auswirkungen vergehen.

59

Zum Gebet der Ruhe ist es ratsam, dich zurückzuziehen, um ungestört dem Herrn Raum in deiner Seele zu geben. Tue von dir aus nichts, als von Zeit zu Zeit ein Gebetswort innerlich zu wiederholen. So bleibst du in der Ausrichtung auf Gott, wenn du abgelenkt werden solltest. Es ist – in einem Bild gesprochen – wie ein sanftes Anblasen einer Kerze, die zu erlöschen droht. Gib aber besonders auf Folgendes acht: Würde die Kerze hell brennen, würde sie durch dein Blasen ausgelöscht. Dein Anblasen sollte also ein ganz sanftes sein und nur dann erfolgen, wenn das Licht der Kerze wirklich auszugehen scheint.

60

Du wirst vielleicht jetzt die berechtigte Frage haben, wie du mit den Gedanken umgehen sollst, die sich immer wieder einschleichen. Dein Inneres möchte in tiefster Ruhe bleiben, während dein aktives Denken wie von selbst störend dazwischentritt. Die Ruhe der Seele behagt deinem Verstand nicht; er möchte aus der Stille ausbrechen und aktiv sein. Wenn die Zeit deines Gebetes noch nicht erfüllt ist, schenke deinen Gedanken einfach keine Beachtung und gib der inneren Ruhe den Vorrang. Das Gebet der Ruhe darf niemals zu einer Anstrengung oder „Arbeit“ werden, sonst würdest du dessen, was der Herr dir geben möchte, nicht teilhaftig werden oder du würdest es wieder verlieren.

61

Bedenke unbedingt: Das Gebet der Ruhe stellt sich nur ohne deine aktive Mitwirkung ein. Deine Seele gleicht während dieses Gebetes einem kleinen Kind, das entspannt und hingegeben in den Armen seiner Mutter liegt. Sie gibt ihm zu trinken; ohne dass das Kind auch nur die Lippen bewegt, nimmt es die lebenserhaltende Nahrung in sich auf.

Möge dieses Beispiel dir das widerspiegeln, was beim Ruhegebet geschieht. Ohne ein Tun deinerseits strömt Liebe in deine Seele und dein Bewusstsein; ohne Mitwirkung des Denkens und des begleitenden Verstehens erfährst du eine tiefe, angenehme Ruhe, in die hinein der Herr dich die Nähe seiner Gegenwart erspüren und erkennen lässt. Niemand anders als der Herr selbst kann dir diese Gnade erweisen. Er möchte, dass du dich an ihr erfreust. Greife also nicht ein und unterlasse alles Nachfragen und Begreifenwollen. Sei einfach unbekümmert und versichert, dass der, der bei dir ist, es nicht unterlassen wird, für das zu sorgen, was dir am notwendigsten fehlt – und weit darüber hinaus.

62

Das Gebet der Ruhe unterscheidet sich von dem höheren Gebet, bei dem die Seele mit Gott vereint ist. Das beschriebene Bild der Nahrungsaufnahme des Kindes kann – allerdings nur ansatzweise – diesen Unterschied verdeutlichen. Beim Ruhegebet ist in gewisser Weise, da das Denken immer wieder die Ruhe aufheben möchte, eine sehr feine, zur Ruhe zurückführende Aktivität notwendig. Sie ist mit dem Schlucken des Kindes zu vergleichen, das nur so die ihm geschenkte Nahrung in sich aufnehmen kann. Mit zunehmender Übung wird dir diese kleine Bemühung – dich mit einem innerlich gesprochenen, kurzen Gebetswort neu auf Gott auszurichten – nicht mehr als Bemühung vorkommen. Die Anrufung ist mit einer so großen Ruhe verbunden, dass du den kleinen Aufwand kaum mehr bemerkst.

Beim Gebet der Einigung der Seele mit Gott legt der Herr selbst, ohne jegliches Tun unsererseits, die Nahrung in unser Inneres. Wie das geschieht, ist für unser Denken unfassbar und mit Worten nicht zu beschreiben.

63

Im Ruhegebet, von dem hier nur die Rede sein wird, genießt du – vornehmlich deine Seele – eine große freudige Ruhe und eine große, ruhige Freude. Diese innere Freude ist von einer völlig anderen Qualität als das Sich-Freuen im aktiven Leben. Hier erfährst du ganz klar mehr die Außenseite und dort mehr die Innenseite deines Lebens.

64

Wenn du dich in diesem erhabenen Gebet befindest, in dem dir übernatürliche Kräfte zufließen, kümmere dich nicht um deine Gedanken, Vorstellungen und Bilder. Gehe deinen Gedanken und Bildern nicht nach, sondern lass ihnen – wenn sie schon einmal da sind – ihren freien Lauf. Mit einer distanzierten Haltung werden sie am ehesten wieder schwinden. Bleibe du, so weit und so lange es dir geschenkt wird, in der Ruhe deines Gebetes.

65

Eine ganz wunderbare Gebetsweise ist uns mit dem Ruhegebet geschenkt. Du darfst dich sorglos in dieses Gebet hineingeben – wissend, dass er für dich sorgt, wenn er bei dir einkehrt und du bei ihm. Der Herr hat dich zu Großem ausersehen und möchte dich schrittweise darauf vorbereiten. Er hat das Himmelreich in das Haus deiner Seele gelegt und möchte dir die Geheimnisse seines Reiches offenbaren. Wie kannst du da noch zögern oder gar Vergängliches an die erste Stelle in deinem Leben setzen?

66

Gehöre du daher zu denjenigen, die auf dem Weg des Gebetes voranschreiten. Wenn du einerseits eine solch große Zuwendung und Gnade empfängst, solltest du andererseits auch dein

Leben entsprechend einrichten. Meide es daher, dich mit einem geistlosen Unten zu solidarisieren.

Durch das Gebet der Ruhe erfährst du bereits hier und jetzt ein Stück seines Reiches; dir werden neue Einsichten und das Licht gegeben, das nicht nur in der Dunkelheit leuchtet, sondern dich auch die Schattenseiten dieser Welt erkennen lässt.

67

Bedenke, welch großen Schatz du mit diesem Gebet besitzt. Gehe den beschriebenen Weg, auf dem wenige Worte mehr bedeuten als viele. Der, an den du dich im Gebet wendest, ist ganz nahe bei dir. Er weiß um dich und wird dich hören.

IX. Kapitel

Die Erfüllung des göttlichen Willens ist Voraussetzung für jeden geistlichen Fortschritt. Im Ruhegebet legst du deinen eigenen Willen in die Hände Gottes. Diese Hingabe führt dich zu einem klaren Schauen der Wahrheit und zu neuer Lebensenergie.

68

Sei dankbar dafür, dass die Erfüllung des göttlichen Willens nicht in deiner Hand liegt. Es kann nur in dieser Weise geschehen: Du übst dich immer wieder darin ein, deinen Willen an ihn abzugeben, damit er ihn nach seinem Willen gestalte. Durch diese Hingabe an den göttlichen Willen wirst du Erfüllung in all deinem Tun finden. Besonders in der dritten Vaterunser-Bitte sprichst du diesen tiefen Wunsch aus, dass der Wille Gottes an dir geschehe.

69

Der Herr weiß, was jeder von uns tragen und ertragen kann. Die Schwächeren schont er; bei den Starken zögert er jedoch nicht, seinen Willen durchzusetzen.

70

Den Willen Gottes zu erfüllen, kommt dem Empfangen einer Gnade gleich. Bringst du deinem Schöpfer eine große Liebe entgegen, musst du damit rechnen, dass er dir auch zeitweilig ein größeres Kreuz auferlegt. Einzig und allein die Liebe scheint der Maßstab dafür zu sein, wie belastbar und tragfähig jemand ist. Bietest du in der dritten Vaterunser-Bitte dem Herrn an, dass sein Wille an dir geschehen möge, solltest du unter keinen Umständen deine geöffnete Hand und dein geöffnetes Herz wieder verschließen, um dich zurückzuziehen.

71

Die Hingabe deines Willens im Gebet ist mit einem kostbaren Edelstein zu vergleichen, den du in die Hände Gottes legst. Könntest du es ertragen, wenn zwischen deinen Worten und deinen Werken eine Kluft bestünde?

Es gibt Menschen, die spontan freigiebig sind, dann aber ihr Versprechen nicht einlösen oder gar das Geschenk, das sie gemacht haben, zurückfordern. Gehörst du zu solchen Menschen, wäre es besser, du würdest mit dem Gebet der Hingabe noch zögern.

72

Im Mittelpunkt unseres erlösten Christseins steht die Hingabe an den Willen Gottes, sodass unser Wollen zu dem seinen werde und Gottes Wille zu dem unseren. Jesus wusste, wie unendlich viel wir durch diese Hingabe gewinnen, wenn wir seinen und unseren Vater anrufen mit der Bitte, dass der göttliche Wille an uns geschehe. Für alles Kommende ist das Hingabe- oder Ruhegebet für dich die beste Vorbereitung.

73

Damit Großes an dir geschehe, hast du dich lediglich zu bereiten. Es wird weder ein Aufwand noch eine große Arbeit von dir verlangt. Es reicht aus, die Worte *„Dein Wille geschehe"* in vollem Bewusstsein innerlich zu sprechen, um den Weg auf ihn hin zu beschreiten. Ein Mehr an Worten und Gedanken würde den natürlichen Vorgang der Hingabe nur stören und sich hindernd in den Weg stellen.

74

Ein großer Fortschritt besteht für dich darin, dass du das, was du betest, auch in die Tat und dein tägliches Leben umsetzt. Je stärker dein Vor-Gott-Sein und dein äußeres Tun zusammenklingen, umso leichter wirst du von der Liebe des Schöpfers bewegt und in seine Nähe gezogen. Irdische Dinge fesseln deine Seele nicht mehr, und deine Seele wird weiter und fähiger, eine noch größere Gnade zu empfangen. Möge dein Gottesdienst immer wieder darin bestehen, ihm im Gebet der Ruhe deinen Willen hinzugeben.

Der Herr wird dir diesen Dienst vergelten, indem er dir schon in diesem Leben all das zukommen lässt, was er für dich vorgesehen hat. Er hat seine Freude an dir und ist bereit, deiner Seele tiefere Geheimnisse des Glaubens zu offenbaren.

75

Zwischen ihm und dir beginnt nun eine große Freundschaft. Er lässt seinen Willen an dir geschehen, und du führst durch deinen Willen den seinen aus. Alles, um was du jetzt bittest, wird er dir erfüllen. Du handelst nach dem, wie dir gegeben wird; und du vermagst nichts anderes zu geben als das, was du empfängst.

Auf dieser hohen Stufe des innerlichen Gebetes sind es allein die Hingabe an ihn und die Demut, die dich weiterbringen. Die Demut, von der hier gesprochen wird, hast du nicht durch eigene Denkleistung und Arbeit des Verstandes erworben, sondern sie wird dir durch klares Schauen der Wahrheit zuteil. In einem kurzen Augenblick ist es dir geschenkt, das einzusehen und zu erfassen, was du selbst mit hoher gedanklicher Anstrengung in langer Zeit nicht im Entferntesten erfassen kannst.

76

Eines kann nicht oft genug wiederholt werden: Denke ja nicht, du könntest durch eigene Leistung und Kraftanstrengung zu dieser Gebetsstufe gelangen. Jeglicher Aufwand deinerseits ist vergeblich, und du würdest mehr zerstören als gewinnen. Es liegt nur an dir, in Hingabe und Demut innerlich die Worte zu sprechen und daraus die Haltung zu gewinnen: *„Dein Wille geschehe."*

77

Dass wir die Erfüllung dieser Bitte an uns bis zur letzten Wirklichkeit zulassen, wird nicht immer einfach sein. In unserer Schwachheit benötigen wir seine Hilfe. Nur selten wird ein Reicher darauf eingehen, von seinem Reichtum abzugeben, wenn ihm die Armut der Welt vor Augen geführt wird. Wenn jemand Befriedigung daraus zieht, über einen anderen Menschen schlecht zu reden, ist es schwer, ihn zur wirklichen Zufriedenheit durch wahre Nächstenliebe zu führen.

Das meiste jedoch zur Wandlung, dass der Wille Gottes an uns geschehe, trägt der Herr selbst bei, denn sonst würden nur sehr wenige das Wort erfüllen: *„Dein Wille geschehe."*

X. Kapitel

Wachgerufene Kräfte, die uns zu Fall bringen möchten. Heil bringende Verhaltensweisen, damit deine Seele sich nicht aufregt. Gebet und Gespräch lassen in deiner Seele Licht zurück, das dich stärkt und zu neuen Erkenntnissen führt.

78

Widergöttliche Kräfte können uns in dieser Welt überall umgeben und uns erheblichen Schaden zufügen, wenn wir nicht aufpassen und sie nicht abwehren. Manchmal verstecken sie sich sogar in einer Art falsch verstandener Demut, sodass uns große Unruhe bei dem Gedanken überfällt, vieles im Leben nicht richtig gemacht oder an Gutem unterlassen zu haben. Durch eine derartige innere Qual kann unser Selbstwertgefühl stark angegriffen werden, sodass wir die Übung des innerlichen Gebetes aufgeben und sogar Hemmungen haben, zum Tisch des Herrn zu gehen.

Ängstliches Grübeln verstellt uns den Weg zum Heil, und Zweifel machen sich breit. Lass jetzt auf keinen Fall die Arme sinken und dich dazu verleiten, dein geistliches Leben aufzugeben. Halte durch – unbeachtet der dunklen Mächte.

79

Bedenke: Die wahre Demut beunruhigt und verwirrt die Seele nicht, sondern sie bringt ihr Frieden und Ruhe. Selbst im Hinblick auf deine Verfehlungen darfst du dich nicht bodenlos niederdrücken lassen. Wenn du auch Schmerz darüber empfindest, so beengt der letztlich deine Seele nicht, sondern er macht dich fähig, Gott weitaus mehr zu dienen. Hüte dich insbesondere vor Kräften, die verwirren möchten und deine Seele aufregen. Versuche alles Gute, um dich nicht einer solchen Qual aussetzen zu müssen und vertraue unerschütterlich auf Gott.

80

Wenn es dir auch schwerfällt: Wende deine Gedanken von den dunklen und niederdrückenden Kräften ab und richte sie – wenn es dir eben möglich ist – auf die Barmherzigkeit Gottes und seine unendliche Liebe, die er uns entgegenbringt. Wenn das Leiden, das du zu ertragen hast, dies jedoch nicht zulässt, verbinde dich mit der Passion, in die Jesus, der Gottessohn, hineingegangen ist, um uns in jeder menschlichen Situation zu begegnen und nahe zu sein.

81

Gib dich niemals einer allzu großen Sicherheit hin. Selbst, wenn du in deinem geistlichen Leben wie auch auf dem Weg des innerlichen Gebetes große Fortschritte gemacht hast, solltest du immer mit Rückfällen und Rückschritten rechnen. In einem solchen Fall musst du wissen, dass es jetzt weitaus schwerer ist wieder aufzustehen als in früheren Zeiten, am Anfang des Weges.

82

Ganz wichtig ist es, den innerlichen Gebetsweg nicht allein zu gehen, sondern sich immer wieder mit einem vertrauten und Gott nahen Menschen zu besprechen. Verheimliche im Gespräch nichts. Gebet und Gespräch lassen in deiner Seele Licht zurück, das dich stärkt und zu neuen Erkenntnissen führt.

83

Zu dir, unserem Vater, nehmen wir unsere Zuflucht und bitten dich:
Führe uns nicht in Versuchung.
Und wenn sie an uns herantritt, so führe uns in der Versuchung und gib uns Geleit.
Wie oft habe ich sie nicht rechtzeitig erkannt.

Daher rufe ich deinen Namen und dich um Hilfe an.
Schenke mir größere Sicherheit im Erkennen widergöttlicher Kräfte.

84

Nicht selten ist es die Angst, sich auf etwas Unbekanntes wie das innerliche Gebet einzulassen, die viele davon abhält, mit der Übung dieses Gebetes zu beginnen. Dem gegenüber steht die Erfahrung nicht weniger Menschen, dass der Schöpfer sich in sehr individueller, liebevoller Weise seinen Geschöpfen mitteilt. In seiner Güte und vergebenden Liebe wendet er sich immer neu uns zu und trägt nichts nach. Wenn die Angst-Besetzten nur im Entferntesten eine solche Erfahrung machten, würden sie das innerliche Gebet aufgreifen, um ihr geistliches Leben zu stärken und zu kultivieren.

85

Du wirst die Liebe Gottes, wo immer sie in Erscheinung tritt, erkennen und wertschätzen. Kann eine so große Liebe, wie Gott sie zu seinen Geschöpfen hat, verborgen bleiben? Sogar durch Hingabe seines irdischen Lebens hat er durch Jesus Christus gezeigt, wie sehr er uns liebt. Wie können dich da Zweifel abhalten, einen konsequenten Gebetsweg zusammen mit Christus zu gehen?

86

Du darfst sicher sein, dass der Herr dir seine Liebe zuströmen lässt, solange du noch in diesem Leben weilst. Du wirst gestärkt sein für die Stunde deines Todes und Gewissheit haben, von ihm gnädig angeschaut zu werden – selbst, wenn noch Schatten und Schuld an dir haften. Deine Reise wird dich nicht in ein fremdes Land führen, sondern in deine eigene Heimat, weil du bereits auf Erden sein liebendes Entgegenkommen erwidert hast. Versagst du dich allerdings dem großen Geschenk der Liebe Gottes und lässt keine Gegenliebe zu, gerätst du unweigerlich in allem Guten abgewandte und allem Bösen zugewandte Hände.

XI. Kapitel

Wenn das innere Leben durch das Gebet der Ruhe neu gestaltet und bereichert wird, hat das nicht nur Auswirkungen auf dein inneres Leben, sondern auch auf deine äußere Lebensgestaltung. Versuche ohne Bedenken und Angst im Einklang mit dem Willen Gottes und seiner Schöpfungsordnung zu leben. Dein Leben wird aufblühen, und du bist gefragt.

87

Wenn du als sein Geschöpf auf den Schöpfer blickst, ihn anerkennst, Ehrfurcht hast und diese Haltung immer neu einübst, wirst du dich allmählich von allem Unguten lösen. Ein sicherer Schutz wird dich umgeben und vor Rückfällen bewahren.

88

Durch dein Verhalten kannst du es steuern, nicht gegen die Schöpfungsordnung zu verstoßen. Du weist damit die widergöttlichen Kräfte zurück und bindest sie an ihr geistloses Unten. Eines Tages werden auch sie dem Willen des Herrn entsprechen; doch du tust es bereits hier und jetzt und freiwillig.

89

Meide, wo es eben möglich ist, egoistisches und fehlerhaftes Verhalten und versuche, den Schöpfer alles Guten niemals zu beleidigen. Bitte Gott, dass er dich vor Sünden bewahre, die mit voller und klarer Überlegung geschehen. Je weiter du fortschreitest, umso schwerwiegender sind Verfehlungen gegen dich selbst, den Schöpfer und die gesamte Schöpfung.

90

Versuche, auf deinem geistlichen Weg alles zu meiden, was dich Gott entfremdet. Dazu gehören vornehmlich alle Gelegenheiten und Gesellschaften, die nicht dazu dienen, dich Gott näher zu bringen. Richte deine ganze Zuversicht auf ihn und vertraue.

91

Bedenke, dass der Herr dir immer beistehen wird und deine guten Absichten unterstützt. Ängstige dich nicht und sei nicht zaghaft im Umgang mit deinen Mitmenschen. Mit der Zeit werden diejenigen, die vormals eine Gefahr für dich waren, zum Segen für dich und geben Anlass, Gott weitaus mehr zu lieben.

92

Du darfst sicher sein: Mit zunehmender geistlicher Entwicklung wird bereits deine Gegenwart verhindern, dass widergöttliche Kräfte bei anderen in ihrem Sprechen und Tun die Überhand gewinnen. Es scheint, als ob die Dunkelheit Achtung vor dem Licht habe, das in dir und deiner Seele zum Leuchten kommt. Hüte dich nur immer wieder davor, zaghaft und ängstlich zu sein. Die Angst lähmt und hindert dich daran, Wesentliches zu vollbringen. Durch dein eventuelles Zögern werden auch andere unsicher und daran gehindert, den Weg zum innerlichen Gebet zu finden.

93

Vertraue deinen Intuitionen und lebe danach. Du wirst mehr und mehr gefragt sein, da du dich natürlich und ungezwungen verhältst. Viele werden sich in deiner Nähe wohlfühlen und versuchen, zu leben und zu handeln wie du. Je weiter du auf dem geistlichen Weg bist, desto weniger bemerkt man es auf den ersten Blick an dir. Du erweist dich als liebenswert und fliehst die Gesellschaft nicht mehr.

94

Wenn du dagegen zögerst und alles erst einmal und immer abwägst, gehen dir nicht nur wesentliche Augenblicke verloren, sondern dein geistliches Wachstum wird generell gehindert. Hab in allem eine gute Absicht und lass entschieden den Willen Gottes an dir geschehen. Halte dich nicht versteckt und setze deine Fähigkeiten da ein, wo sie für dich und andere nützlich sind.

95

Menschliche Liebe, die alles Geschaffene umfasst und auf den Schöpfer gerichtet ist, lässt dich ruhig und sicher den Weg des innerlichen Gebetes gehen. Letzte Sicherheit jedoch wirst du in diesem Leben nie erreichen. Sie würde dich sogar daran hindern, offen für neue Bewegungen zu sein, und geistliches Wachstum kaum zulassen.

96

Herr, kann ich gewiss sein, dass ich dich liebe?
Lass es mich erfahren und wissen, ob mein Tun dir angenehm ist.
Befreie mich von allem, was mich hindert auf dem Weg zu dir.
Erlöse mich von allem Bösen und führe mich dorthin, wo alles Gute zu finden ist.

97

Welch wunderbares Leben wird es dort geben, wo alles Sehnen ein Ende hat. Doch in diesem Leben müssen wir uns erst einmal bewähren und unseren Eigenwillen kultivieren, um in

Einklang mit dem Willen Gottes zu kommen. Gott will, dass wir die Wahrheit lieben, und wir neigen uns nur allzu oft dem Gegenteil zu. Er möchte, dass Unvergängliches die erste Stelle bei uns einnimmt, doch wir lieben oftmals das Vergängliche mehr. Er will, dass wir große und erhabene Dinge in den Blick und in unser Herz nehmen – wir dagegen wenden uns nur zu leicht und immer wieder einem geistlosen Unten zu. Er bietet uns Sicherheit an, doch wir wählen oft das Unsichere.

Daher, Herr, befreie uns von allem, was uns hindert auf dem Weg zu dir. Können wir ihn, den Schöpfer des Himmels und der Erde, nicht um alles bitten – und sei es auch das, was unser jetziges Fassungsvermögen noch übersteigt?

98

Am Ende des Gebetsweges wird Gott deine Seele ganz in sich versenken und ihr im Überfluss aus der Quelle des lebendigen Wassers zu trinken geben.

Jesus antwortete der Samariterin: *„Wer von diesem Wasser trinkt, wird wieder Durst bekommen; wer aber von dem Wasser trinkt, das ich ihm geben werde, wird niemals mehr Durst haben; vielmehr wird das Wasser, das ich ihm gebe, in ihm zur sprudelnden Quelle werden, deren Wasser ewiges Leben schenkt."* (Johannes 4,13-14)

Drittes Buch

Deine Seele ist wie ein Garten. Der Garten deiner Seele beginnt durch das innerliche Gebet zu grünen, zu blühen und Frucht zu bringen. Wie du durch dieses Gebet mit immer weniger Aufwand mehr erreichen kannst zum Segen für dich, für andere und für die gesamte Schöpfung.

I. Kapitel

Damit der Garten zur Blüte kommt und Frucht bringen kann, solltest du ihn liebevoll pflegen. Du kannst den Garten deiner Seele auf verschiedene Weise kultivieren.

1

Der Anfänger beginnt auf einem äußerst unfruchtbaren und kargen, mit Disteln überwucherten Boden einen Garten anzulegen, der zur Freude des Schöpfers und zur eigenen Freude gedeihen soll. Nach der Rodung und dem Einsetzen guter und wertvoller Pflanzen beginnen diese – mit schöpferischer Unterstützung – zu wachsen. Dass ein guter Gärtner weiterhin regelmäßig seinen Beitrag leisten muss, ist unumgänglich. Wir sind als gute Gärtner gefragt, die Pflanzen zu kultivieren, sie fleißig zu begießen, damit sie nicht welken, sondern grünen, blühen und fruchten.

Die Schönheit des Gartens, seine Blumen und Früchte sind mit den guten, sich nach außen zeigenden Resultaten unseres Betens zu vergleichen, wenn sich die Seele ganz dem innerlichen Gebet hingibt. Wir selbst, unsere Umwelt wie auch der Schöpfer haben große Freude daran.

2

Wir wissen nun, dass und warum der Garten bewässert werden muss. Wir haben einen Überblick darüber, wie wir uns einzusetzen und was wir zu tun haben, damit die Pflanzen grünen, blühen und Frucht bringen können.

Die Bewässerung des Gartens, die Grundvoraussetzung für alles Gedeihen, kann auf vierfach verschiedene Weise geschehen:

1. Der Gärtner schöpft das Wasser eimerweise aus einem Brunnen – mit großer Mühe und unter Anstrengung.

2. Ein Wasserrad mit vielen Schöpfgefäßen fördert eine entschieden größere Wassermenge – die aufzuwendende Zeit und Mühe verringern sich.
3. Ein kluger Gärtner leitet das Wasser aus einem Fluss oder Bach in seinen Garten. Die Erde wird durch und durch befeuchtet – ohne große menschliche Anstrengung.
4. Ein von Zeit zu Zeit eintretender ergiebiger Regen tränkt den Garten. Diese vierte und letzte Art der Bewässerung geschieht gänzlich ohne Mühe oder irgendeinen Aufwand. Man sagt, der Herr lässt es zu gegebener Zeit regnen, wenn alles in Ordnung ist.

3

Ohne Bewässerung, die den Garten in seiner Schönheit erhält, würde er austrocknen. Diese vier Arten der Bewässerung spiegeln die vier Stufen des innerlichen Gebetes wider.

4

Schrecke beim ersten Schritt der Einübung des innerlichen Gebetes nicht vor der Anstrengung zurück, den Eimer immer wieder in die Hand zu nehmen, um das Wasser aus dem Brunnen zu schöpfen. Es wird dir im Gebet zunächst befremdlich vorkommen, der Weisung zu folgen, deine nach außen gerichteten Sinne zu sammeln. Das gewohnte Umherschweifen deiner Gedanken hört auf, und deine Sinnestätigkeit kommt bei der Hinwendung nach innen zur Ruhe. Es ist möglich, dass dich diese vorerst ungewohnte Erfahrung hart trifft. Erst langsam gewöhnst du dich daran, während deiner Gebetszeit nichts sehen, hören oder denken zu wollen. Es ist daher sehr zu empfehlen, dich in die Stille zurückzuziehen, deine Gedanken und Gefühle zu ordnen, um dann mit dem innerlichen Gebet zu beginnen. Diese zuletzt gegebene Anweisung sollten alle befolgen – ganz gleich, auf welcher der vier Gebetsstufen sie stehen.

Das Leben Christi zu betrachten, ist eine sehr gute Vorbereitung für das innerliche Gebet. Der Verstand kann jedoch leicht dabei ermüden, und wir müssen uns immer wieder sammeln. Bis hierher können wir aus uns selbst gelangen.

Wenn Gott die Voraussetzung gibt, dass der Brunnen Wasser hat, geschieht alles Weitere ganz von selbst und anstrengungslos – wie das Wachstum der Pflanzen zeigt. Und wisse noch eines: Da Gott unendlich gütig ist, wird er auch – selbst, wenn der Brunnen versiegt ist – bei einem guten Gärtner die Blumen und Pflanzen erhalten und sogar noch ihr Wachstum fördern.

II. Kapitel

Die Stufen des innerlichen Gebetes werden mit den verschiedenen Arten des Wasserschöpfens verglichen. Die beiden ersten Stufen: Nach dem verinnerlichten mündlichen Gebet folgt das Gebet der Ruhe.

5

Der erste Schritt, den du tun solltest, um in das innerliche Gebet zu kommen, besteht im mündlichen Beten. Dazu bedarf es keiner ausgedachten Gebete oder schön formulierter Worte. Du kannst mit dem Vaterunser oder dem Ave-Maria beginnen, um dann zu ganz einfachen Worten zu kommen, die deinen tiefsten Wunsch und deine Gefühle ausdrücken.

6

Auf diese Weise ständig den Garten deiner Seele zu bewässern, ist eine mühsame Arbeit. Der Gärtner muss mit der Kraft seiner Arme das Wasser Eimer für Eimer aus dem tiefen Brunnen ziehen und auf das zu bewässernde Land schleppen.

Die zweite Art des Wasserschöpfens und Bewässerns des trockenen Bodens ist wesentlich einfacher und müheloser. Der

Gärtner benutzt ein Wasserrad mit vielen Schöpfgefäßen und leitet von hier aus das Wasser in Rohre, die in alle Teile des Gartens führen. Er gewinnt somit anstrengungslos eine große Menge Wasser, das von selbst dort hinfließt, wo der Boden es am dringendsten benötigt. Bei dieser Art, Wasser zu schöpfen, muss der Gärtner nicht ununterbrochen arbeiten – er kann sich zwischenzeitlich ausruhen.

Wendet man diese Weise der Bewässerung auf das Gebet an, bezeichnet sie die zweite Stufe des innerlichen Gebetes, die „Gebet der Ruhe" genannt wird.

7

Die Seele, die sich hier wie von selbst zu sammeln beginnt, erfährt eine tiefer werdende Ruhe. Diese Ruhe, die wir in keiner Weise selbst zu erzeugen vermögen, ist ein großes Geschenk des Schöpfers an sein Geschöpf. Die Seele hat nun die ersehnte Chance, etwas Übernatürliches zu berühren. Alle nach außen strömenden Seelenkräfte sind zum Schweigen gekommen; sie haben sich in sich selbst zurückgezogen – ohne sich zu verlieren oder gar in einen schlafähnlichen Zustand zu verfallen. Da es die Sehnsucht unserer Seele ist, tiefe Ruhe als Vorstufe der Berührung mit dem Übernatürlichen aufzunehmen, genießt sie jetzt in vollen Zügen diesen Zustand. Das unserer Seele Zuströmende wird immer klarer als Gnade wahrgenommen.

Das Wasserrad musste zwar erst in Bewegung gebracht werden, damit sich die Rohrleitungen füllten – unsere anfängliche Gedankenaktivität im Gebet mit der Ausrichtung auf Gott –, doch wenn das Wasser erst einmal strömt, kann der Gärtner ruhen.

8

Das Ruhegebet hat eine besondere Kraft. Es vollzieht sich anstrengungslos, auch wenn du über einen längeren Zeitraum in dieses Gebet der Ruhe eintauchst. Der Verstand ist nur vorübergehend und dann nur in sanfter und ruhiger Weise tätig. Auf dieser Stufe verfügt der Gärtner über viel mehr Wasser, Zeit und Ruhe als auf der Ebene, auf der er noch mühsam aus dem Brunnen schöpfen musste.

9

Auf dieser zweiten Stufe des innerlichen Gebetes, dem Ruhegebet, empfängst du – wie das Beispiel vom Wasserschöpfen zeigt – eine wesentlich größere Menge wachstumsförderndes Wasser als zuvor. Diese gnadenvollen Zuwendungen fließen deiner Seele zu, die sie dann an andere Bereiche deiner Persönlichkeit weitergibt. Dass in dieser Ruhe die Seele ihrem Ursprung, der Gott ist, näher kommt, ist eine natürliche Folge. Gott möchte sich dir mitteilen und will, dass du diese Mitteilung auch fühlst. Solange du in diesem Zustand bleibst, spürst du das „Ja" Gottes zu seiner Schöpfung, und du stimmst durch und durch diesem „Ja" zu.

Die Gefahr, „Nein" zu sagen, kommt erst später, wenn du diesen wohltuenden und glücklichen Zustand wieder verlierst. Es steht nicht in deiner Macht, so lange darin zu verweilen, wie du es möchtest. Es gibt auch kein vom Willen zu steuerndes Mittel, diesen tiefen Zustand der Ruhe bewusst wieder zu erlangen.

III. Kapitel

Tiefe, im Gebet erfahrene Ruhe führt zur Ausgewogenheit innerer Kräfte und befähigt dich, glücklicher und erfolgreicher in deinem Leben zu sein. Unterschiedliche Erfahrungen, die du im Ruhegebet machst – Erblühen und Austrocknen des Gartens deiner Seele –, dienen dem Aufbau deiner Seelenkräfte.

10

Ein Teil der Unvollkommenheit, die du in dir und der Welt verspürst, wie aber auch das Vakuum, das durch dein Fehlverhalten in deinem Inneren entstanden ist, wird im Gebet der Ruhe wieder ausgeglichen. Deine Seele fühlt sich tief in sich selbst wohl, doch kannst du dir nicht erklären, wie dieses Wohlfühlen entstanden ist. Es gibt Momente, in denen du glaubst, alles Gute gefunden zu haben, doch kannst du nicht sagen, was dieses Gute ausmacht.

11

Du darfst davon ausgehen, dass beim Ruhegebet – also der zweiten Stufe des innerlichen Gebetes – deine Seele in den Stand versetzt wird, übernatürliche Bereiche zu berühren. Das, was geschieht, ist dir völlig unverständlich. Deine Seele weiß nicht, wie sie sich zu verhalten hat.

Wenn du nun niemanden hast, mit dem du reden kannst und der dich versteht, so kann dies schmerzlich sein und Unsicherheit auslösen, denn von Gebetsstufe zu Gebetsstufe sind die Erfahrungen und das, was geschieht, sehr unterschiedlich. Mögen diese Worte dir jedoch ein wenig Zuversicht und Frieden geben und deinen Weg bestätigen.

Weißt du gar nichts oder nur sehr wenig von den Schönheiten, Gefahren und den Stationen dieses Weges, könntest du Umwege einschlagen, auf denen du kostbare Zeit verlierst. Einige geistliche Bücher geben zwar zu den einzelnen Stufen, wenn sie sie überhaupt berühren, gute Theorien – eine wirklich praktische Hilfe sind sie jedoch meist nicht.

12

Denke noch einmal an den schönen Garten, der – je nach Bedarf – regelmäßig auf verschiedene Weise bewässert werden muss. Doch wisse auch: Es gibt Trockenzeiten, in denen nichts mehr an diesen fruchtbaren Garten erinnert. Du verfällst in Grübeleien oder gar Depressionen und hast den Eindruck, nie eine gute Eigenschaft besessen zu haben. Dieser Zustand ist äußerst schmerzhaft und von Dunkelheit geprägt.

Dem Gärtner erscheint alles, was er zur Erhaltung und Pflege des Gartens getan hat, wie verloren. Der Herr will es so, denn gerade jetzt wird der Garten noch einmal frei von zurückgebliebenem Unkraut, Steinen und allem, was einem noch kräftigeren Wachstum als dem vor der Dürrezeit im Wege steht.

Du kannst in all deinem Bemühen noch so fleißig sein – es bleibt erfolglos und nichtig, wenn Gott dir das Wasser der Gnade entzieht. Aus deinem Niedergedrücktsein entstehen eine größere Demut und Bescheidenheit. Und siehe: Die Pflanzen und Blumen wachsen wieder aufs Neue, umso kräftiger und schöner.

13

Auf der zweiten Gebetsstufe des innerlichen Gebetes erfährst du große innere Ruhe, tiefen Frieden und ein Losgelöstsein von allen äußeren Dingen. Da alle Kräfte deiner Seele zur Ruhe gekommen sind, fühlt sie Erfüllung und ein Genügen, als ob ihr nichts mehr fehle. Dies ist jedoch nur dann der Fall, wenn sie noch nichts Höheres berührt und daran Anteil genommen hat. Keine Wünsche bleiben offen, und du möchtest – wie Petrus auf dem Berg Tabor – in diesem Zustand verharren. *„Und Petrus sagte zu ihm: Herr, es ist gut, dass wir hier sind. Wenn du willst, werde ich hier drei Hütten bauen, eine für dich, eine für Mose und eine für Elija."* (Matthäus 17,4)

Du hast das tiefe Verlangen, in diesem Zustand zu bleiben, und dein Körper wagt nicht einmal, Atem zu holen. Doch solltest du wissen: Sowohl zur Erlangung als auch zur Bewahrung dieses Ruhezustandes kannst du von dir aus nichts beitragen. Der Herr gibt und nimmt nach seinem ureigensten Willen. Wenn du während des fortgeschrittenen innerlichen Gebetes eine so tiefe Ruhe und Stille erfährst und deine Seele ganz erfüllt ist, darfst du davon ausgehen, dass dein Wille mit dem Göttlichen im Einklang steht. Die Kräfte deines Verstandes und Gedächtnisses können dir deine Zufriedenheit und Freude nicht rauben. Im Zustand dieser Ruhe ist der tiefe Wunsch, dass der Funke der Liebe Gottes in dir nicht erlösche.

14

Musst du jedoch wieder umkehren, kann es dir vorkommen, als wenn sich ein Abgrund vor dir auftut. Doch sei ohne Furcht: Die Liebe und Barmherzigkeit Gottes tragen dich.

15

Im Gebet der Ruhe ist es dir möglich, einen Funken der wahren Liebe Gottes zu erfahren. Er möchte deine Seele erleuchten und dich dadurch erkennen lassen, was diese Liebe ausmacht: Die in dich einströmende Sammlung und Ruhe entsprechen einem Funken, der vom Geist Gottes ausgeht. Er ist ein Geschenk an dich, das du weder durch eigenes Wollen noch durch Bemühen erhalten kannst.

16

Wenn dir diese Gabe als göttliche bewusst wird, so hab acht, dass du dieses empfangene Talent nicht wieder vergräbst. Es wird dir zur Aufgabe, es mit in dein aktives Leben zu nehmen, um auch andere Menschen daran teilhaben zu lassen.

IV. Kapitel

Die Zeit des Ruhegebetes ist eine Zeit der Hingabe. Wie du diese Hingabe bereiten kannst und mit störenden Gedanken umgehen solltest. Rufe mit einem Liebe atmenden Wort immer neu deinen Schöpfer an.

17

Die Zeit des Ruhegebetes sollte für dich nichts anderes sein als eine Zeit der Hingabe. Halte alles Laute, soweit du es vermagst, sowohl äußerlich als auch innerlich von dir fern. Lass dein Denken zur Ruhe kommen und suche nicht nach Worten. Führe dir deine Fehler und Schwächen nicht vor Augen oder betrachte nicht deine „Unwürdigkeit". Wenn sich dieses jedoch ohne dein bewusstes Hinzutun einstellt, so schenke dem keine Beachtung oder Aufmerksamkeit. Deine Kräfte würden nur ermüden und das Wesentliche verstellen.

Begreife und wisse ein für alle Mal: Jegliche Anstrengung der geistigen und denkenden Kräfte solltest du während der Zeit des Ruhegebetes vermeiden. Jedes mit dem Verstand geführte Nachdenken muss aufhören, denn ein solches Vorgehen ist mit groben Holzscheiten zu vergleichen, die du unklugerweise auf den göttlichen Funken in deiner Seele wirfst und ihn damit erstickst.

Erkenne also, dass der Verstand hier nur lästig und hinderlich ist. Achte nicht auf ihn, sondern spreche innerlich – durchdrungen von der Erkenntnis, seine Worte sind Wahrheit – Liebe atmende Worte, die dir dein Herz sagt.

Selbst, wenn du tiefe Ruhe in dir spürst, geschieht es immer wieder, dass deine Gedanken umherschweifen. Dein Wille kann sie nicht zur Ruhe bringen. Lass deine Gedanken von selbst kommen und gehen, jage ihnen jedoch nicht nach. Nimm all dein Wollen zurück und genieße die Kraft, die dir zuströmen möchte.

Eine Biene zieht sich zur Honigbereitung in den Korb zurück, anstatt immer einer anderen Biene in die Außenwelt nachzufliegen. Verhalte dich im Ruhegebet ebenso klug, sonst wirst du viel verlieren. Dies gilt in ganz besonderer Weise für diejenigen, die es gewohnt sind, viel zu überdenken, und einen scharfen Intellekt besitzen. Meine nicht, etwas Gutes oder gar Großes im Ruhegebet zu tun, wenn du Eindrücke und Gespräche ordnest und dabei nach passenden Worten suchst.

18

Gestatte es daher in diesem Gebet deinem Verstand nicht, bewusst Gedanken aufzunehmen – auch nicht im Suchen nach hohen Dingen. Einen Strohhalm zu entzünden – wenn man unser Tun im Ruhegebet damit vergleichen kann – und ihn in Hingabe auf den Funken der göttlichen Liebe zu legen, ist geeigneter und hilft weitaus mehr als ein ganzer Holzstoß von Redensarten. Wenn diese auch noch so gelehrt sind, so würden sie doch in kürzester Zeit den Funken zum Erlöschen bringen. Das bedeutet jedoch nicht, dass das Reden von Gott und die Theologie vor oder nach dem Ruhegebet nicht sehr wichtig sind. Während der Zeit des Gebetes jedoch wirst du mehr und mehr von Licht und einer Klarheit durchströmt, die durch dein willentliches Denken nur getrübt werden würde.

19

Lass also deine Seele im Ruhegebet ungestört in ihrer Ruhe, indem du all dein Wissen und all deine Gedanken hingibst. Wissenschaft gehört nicht in diesen Bereich der Stille und zunehmender Gottesnähe. Hingabe in Demut gilt vor ihm mehr als alle Wissenschaft der Welt: aufrichtig das sein, was du bist, ohne Beweise zu führen und Folgerungen zu ziehen – einfach da sein vor Gott.

20

Du kannst dieses Sein im Schweigen unterstützen – besonders, wenn deine Gedanken dich aus der Ruhe treiben möchten –, indem du dich erneut mit einem Liebe atmenden Wort auf Gott ausrichtest. Die hierin verborgene Kraft schützt dich vor allen widerstrebenden Tendenzen.

In allem aber, was auch mit dir geschieht: Bewahre die Demut. Gib daher alle Vorstellungen und Erwartungen ab. Sei einfach und eindeutig in deinem Tun, wenn du den Garten bewässerst. Richte dich aus auf Christus. Und wisse, wenn es dir schwerfällt, du trägst mit ihm das Kreuz. In Hingabe und im Dienen liegt deine Rettung. Erwarte keinen Lohn. Er ist dir – in ganz anderer Form, als du erwarten würdest – mit Sicherheit zugedacht.

21

Besonders für Anfänger sind diese Hinweise von großer Wichtigkeit. Immer besteht die Gefahr, in gewohnte Denk- und Verhaltensweisen zurückzufallen. Dies gilt jedoch nicht nur für Anfänger auf dem geistlichen Weg. Je höher ein Mensch zu stehen vermeint, desto weniger darf er sich und seine Belange in den Mittelpunkt stellen.

22

Fortschritte im Ruhegebet machst du nur, wenn der Geist Gottes in deiner Seele wirkt. Er bereitet dir den Weg zu einer tieferen Innerlichkeit und verleiht dir die Kraft, auch dann durchzuhalten, wenn Hindernisse den Weg beschweren.

23

In der tiefen Ruhe erfährt deine Seele Sicherheit, und alle Furcht schwindet. Dir wird durch und durch bewusst, dass du eine Liebe zu Gott in dir hegst, eine Liebe, die ganz uneigennützig ist. Du verlangst zwischenzeitlich immer wieder, allein sein zu können, um der neuen Erfahrung Raum zu geben und sie zu genießen. Deine Zweifel schwinden, und du weißt um die Existenz Gottes und sein Wirken in dir.

V. Kapitel

Die dem Ruhegebet folgende, höhere Gebetsstufe wird verglichen mit der dritten Möglichkeit, den Garten zu bewässern. Göttliche Kräfte erfüllen deine Seele und breiten unsagbare Freude aus. Gleichbleibende tiefe Ruhe ist zur lebendigen Basis deines Handelns geworden.

24

Bei der dritten Art, den Garten zu bewässern, wird das Wasser aus einem Fluss oder einer Quelle abgeleitet und in den Garten geführt. Diese Methode der Bewässerung ist für den Gärtner weit weniger anstrengend, als das Wasser mit dem Schöpfrad zu fördern. Der Herr zeigt uns auf natürliche Weise, dass eigentlich er selbst der Gärtner ist und alles Notwendige zum Gedeihen des Gartens tut. Die Seelenkräfte sind in ihrer Tätigkeit noch weiter als beim Ruhegebet zurückgenommen und befinden sich wie in einem Schlaf. Sie können weder einsehen noch begreifen, was geschieht.

25

Auf dieser höheren Gebetsstufe ist die Vereinigung der Seelenkräfte mit den göttlichen Kräften weitaus intensiver als auf den vorherigen Gebetsstufen. Der Betende spürt, dass Gott in ihm wirkt. Wie und auf welche Weise kann er allerdings nicht verstehen. Eine tiefe, große innere Freude erfüllt ihn durch und durch; Worte fehlen, um sie auszudrücken.

26

Auch der Verstand vermag nichts zu ergründen. Denke beispielhaft an den Garten: In diesem Zustand erblühen die schönsten Blumen und beginnen, ihren Duft zu verbreiten. Die innere

Glückseligkeit übersteigt alles Erdenkliche; eine überströmende Freude möchte alle und alles mit sich erfüllen.

„Und wenn die Frau das Geldstück gefunden hat, ruft sie ihre Freundinnen und Nachbarinnen und sagt: Freut euch mit mir; ich habe die Drachme wiedergefunden, die ich verloren hatte." (Lukas 15,9)

Was muss David für eine unsagbare Freude empfunden haben, als er zum Lobe Gottes auf der Harfe spielte?

27

Mit fortschreitendem innerlichen Gebet übernimmt immer mehr der Schöpfer die Arbeit des Gärtners, der sich dadurch ausruhen kann. Der menschliche Wille ist nicht in Bewegung; er bejaht nur die Gnaden, die der Seele zuströmen und die sie genießt.

28

Um diesen Zustand zu erreichen, solltest du dich immer wieder in die Hingabe einüben und dich gänzlich den Armen Gottes überlassen.

„Vater, in deine Hände lege ich meinen Geist." (Lukas 23,46a)

„In deine Hände lege ich voll Vertrauen meinen Geist." (Psalm 31,6)

Überlasse dich ganz dem Herrn. Er möge über dich verfügen wie über sein Eigentum. Sei in dieser Hingabe gelassen und unbesorgt. Er hat dir ein erhabenes Gebet verliehen, das dich in seine Nähe geleitet. Dein Verstand hält sich dabei völlig zurück. Wie verwundert steht er da und schaut zu, wie der Herr selbst die Arbeit des Gärtners übernimmt. Deine Aufgabe besteht nur darin, nicht einzugreifen, nichts zu tun, sondern dich zu erfreuen – wie es der Gärtner an der Schönheit und am Duft der Blumen tut.

Was du mit gedanklichem Aufwand über vielleicht zwanzig Jahre nicht erreichen konntest, das bewirkt der himmlische Gärtner in dir in einem Augenblick. Er verleiht den Früchten

Wachstum und Reife, sodass sich die Seele von ihrem Garten nähren kann.

29

Diese Nahrung verändert deine Seele und lässt sie erstarken. Obwohl sie nicht weiß, auf welche Weise ihr diese Kraft zuströmte, beginnt sie zu wachsen und große Dinge zu verwirklichen. Du erkennst klar und eindeutig: Nicht durch deine eigene Leistung oder Anstrengung wachsen dir diese Seelenkräfte zu, sondern sie sind ein Geschenk des himmlischen Gärtners an dich.

Deine Fähigkeit zur Hingabe ist größer und tiefer geworden als zuvor. Du siehst ein, dass du weder viel noch wenig zum Wachstum deiner Seelenkräfte beigetragen hast, sondern nur offen warst und offen bist, die göttlichen Gnadengaben zu empfangen.

30

Diese dritte Art des Gebetes scheint auf den ersten Blick identisch zu sein mit dem Ruhegebet – doch gibt es einen Unterschied. Während beim Ruhegebet die Seele eintaucht in die von Gott ausgehende Ruhe und sie genießt, wird der Seele auf der folgenden Gebetsstufe noch eine zusätzliche Fähigkeit verliehen. Sie ist, um mit Lukas' Gleichnis zu sprechen, nicht nur Maria, die dem Herrn zuhört, sondern gleichzeitig auch Marta, die sich um das äußere Wohl kümmert (Lukas 10,38-42). Beides, Aktion und Kontemplation, sind auf dieser Stufe des innerlichen Gebetes nicht nur miteinander verbunden, sondern gleichzeitig präsent und wirksam. Während du dich in tiefer Ruhe befindest – dein eigener Wille ist ganz vom göttlichen Willen durchdrungen –, kannst du aktiv sein, deinem Beruf nachgehen, dich unterhalten, lesen oder zu anderen gut sein.

Du nimmst diesen Zustand deutlich wahr und empfindest tiefen innerlichen Frieden und große Freude. Diese Freude übersteigt bei Weitem die Freuden, die die Welt bietet. Es bleibt jedoch eine Sehnsucht nach Vollkommenheit in dir, eine Sehnsucht, noch näher in die Gegenwart Gottes zu kommen.

31

Das Wichtigste zur Übung des innerlichen Gebetes – und das gilt auf allen Stufen: Strenge dich nicht an, führe bewusst keine Gedanken herbei und achte nicht auf das, was dir die von selbst aufkommenden Gedanken sagen möchten.

32

Das innerliche Gebet hat aber nicht nur Auswirkungen auf unsere Seele und ihre verschiedenen Kräfte, sondern auch auf unseren Körper, auf den sich die innere Ruhe überträgt und in dem die heilenden Kräfte zur Wirkung kommen.

VI. Kapitel

Regen fällt. Ohne etwas leisten zu müssen, genießt der Gärtner die Früchte des Gartens. Dies ist der Zustand der Vereinigung des menschlichen Seins mit dem Göttlichen.

33

Die dritte, soeben besprochene Gebetsweise wurde mit dem Bild des aus einem Fluss oder aus einer Quelle geleiteten Wassers erklärt. Zwischen der vierten Gebetsstufe und der vorausgehenden besteht ein weiterer Unterschied. Während auf den ersten drei Gebetsstufen der Gärtner immer noch – wenn auch weniger werdend – durch seine Mitarbeit tätig ist, verlangt die vierte Gebetsstufe absolut kein Hinzutun unsererseits mehr. Der Gärtner genießt jetzt die Früchte des Gartens ohne irgendeinen Aufwand. Er genießt zwar das ihm in den Schoß Fallende, doch versteht er weder, was er eigentlich genießt, noch begreift er dieses hohe Gut, das ihm zukommt.

Dieser vierte Zustand ist der der Vereinigung. Weder dem Körper noch der Seele bleiben hier Raum, Zeit und Kraft, irgendeine Äußerung über diesen Zustand zu machen. Alles, was hier geschehen würde, wäre nur hinderlich und würde die tiefe Ruhe der Seele stören. Solange eine Vereinigung des menschlichen Seins mit dem Göttlichen stattfindet, kann die Seele sich mit nichts anderem oder gar äußeren Dingen beschäftigen.

34

Das Empfinden der Seele kann mit Worten nicht beschrieben werden. Der Zustand dieser göttlichen Vereinigung ist aus dem Einswerden zweier Gegebenheiten entstanden. Die menschliche Seele hat ihre ureigenste Heimat wiedergefunden.

35

Das Geschehen auf dieser vierten Gebetsstufe entspricht in unserer Analogie dem Regen, der vom Himmel kommt und den Garten durchdringt. Würde der Herr dieses Wasser geben, sooft man dessen bedarf, so könnte der Gärtner mühelos und in voller Ruhe leben. Doch dies ist – solange wir in dieser Welt leben – nicht möglich. Es gibt Dürrezeiten und auch strenge Winter.

Auf dieser Stufe des innerlichen Gebetes wird es, wenn die Notwendigkeit für den Garten der Seele besteht, immer öfter regnen – besonders dann, wenn der Gärtner am wenigsten damit rechnet.

36

Die äußeren Auswirkungen des innerlichen Gebetes sind unzweifelhaft mit denen der Seele verbunden. Sowohl die inneren als auch die äußeren sichtbaren Veränderungen beweisen eindeutig, dass hier eine höhere Macht wirkt, als sie dem Menschen eigen ist.

37

Während des Gebetes – du hast den Eindruck, dass es trotz seiner Dauer sehr schnell vorübergeht – nimmst du die erwähnten inneren und äußeren Zeichen kaum wahr. Doch nach dem Gebet erkennst du die dir erwiesenen Gnaden umso deutlicher. Deine Seele hat die Wärme und die Liebe der göttlichen Strahlkraft intensiv in sich aufgenommen.

Die Zeit des Betens erscheint dir gänzlich aufgehoben oder nur sehr kurz, besonders dann, wenn alle Aktivitäten – auch die der Seelenkräfte – schweigen. Hält es eine halbe Stunde an, das ist schon sehr viel, so bemerkst du die Zeit nicht. Das Zeitbewusstsein fehlt dir vorübergehend.

38

Was die Seele letztlich und wirklich empfindet, ist nicht aussprechbar. Wer es selbst erfahren hat, versteht das Schweigen an dieser Stelle. Was auf dieser Stufe der Vereinigung in der Seele vorgeht, ist so unbeschreiblich, dass es nicht klar ausgesagt werden kann. Durch Demut und Hingabe lebt die Seele in diesem Gebet nicht mehr sich selbst, sondern der Herr lebt in ihr.

VII. Kapitel

Auf jeder Stufe des innerlichen Gebetes wird deine Seele lichter. Überfließendes schenkst du an andere weiter. Notwendige Reinigungsvorgänge verhindern, dass der Garten austrocknet.

39

Wenn du im innerlichen Gebet Fortschritte machst – sie geschehen durch zunehmende Hingabe und Demut – wird deine Seele lichter. Du siehst ein, dass die dir zuströmende Gnade ein Geschenk ist, das du ohne irgendeine eigene Leistung erhalten hast. Zum Erwerb und zum Bewahren dieser Gnade kannst du gar nichts beitragen. Überheblichkeit und andere falsche Verhaltensweisen werden dir bewusst, und du erkennst, wer du in Wirklichkeit bist. Wenn die Sonne durch ein Fenster in eine Wohnung strahlt, kann kein Spinnengewebe verborgen bleiben.

Sei gepriesen, Herr, du mein Gott! Du wandelst in mir Dunkelheit in Licht.
Aus dem getrübten Wasser meiner Seele machst du, o Herr, eine sprudelnde Quelle.
Du spendest in Fülle und lässt sie überfließen, damit auch der Durst anderer gestillt werde.
Lob sei dir, Herr, du mein Gott!

40

Da du klar erkennst, dass die Früchte des Gartens nicht von dir gemacht sind, sondern aus sich heraus in Fülle wachsen und nachwachsen, bist du nun in der Lage auszuteilen, ohne selbst leer auszugehen. Du möchtest Überfließendes weiterschenken und den Reichtum deiner Seele mit anderen teilen.

Durch dein innerliches Gebet und dein gelebtes Leben – sicher musstest du zwischenzeitlich auch Leid, Krankheit und Entbehrungen ertragen – ist das Erdreich des Gartens deiner Seele so gut umgegraben, dass das Wasser tief eindringen kann und der Garten nie wieder austrocknet. Über diese fruchtbare Qualität des Bodens solltest du dankbar sein, sie weder als deine eigene Leistung ansehen noch sie als selbstverständlich erachten. Verfällt der Gärtner jedoch in Undankbarkeit, Nichtstun und Sorglosigkeit – und der Herr sendet nicht aus lauter

Güte lebensspendenden Regen –, trocknet das Erdreich aus. Die Folgen sind unausdenkbar und gleichen einer Katastrophe.

41

Mögen alle, die mit dem innerlichen Gebet begonnen haben, das eben Gesagte besonders beachten und dem Gebet treu bleiben. Viele, die das innerliche Gebet trotzdem wieder aufgegeben haben, berichten, ihr Leben sei weitaus schwerer zu bewältigen als vorher.

42

Wenn Unsicherheit, Zweifel und Schmerz über dich hereinbrechen, so fürchte dich nicht. Betrachte das in dir Vorgehende als Wegbereitung für seine Gnade, die er dir zukommen lassen möchte. Vielleicht wird es dir schwerfallen, diese Weisung zu verstehen und zu bejahen. Doch wisse: Im innerlichen Gebet wird deine Seele gereinigt, bearbeitet und geläutert wie das Gold im Feuerofen.

Dieser Reinigungsvorgang muss mit dir geschehen. Lass ihn an dir geschehen, denn es ist besser, ihn jetzt in noch erträglicher Weise zu ertragen als später im und nach dem Übergang von dieser Welt in eine andere. Auch von erfahrenen geistlichen Begleitern wirst du immer wieder hören, dass diese Vorgänge vorübergehen, notwendig und letztlich etwas Gutes sind.

43

Der in seiner seelischen Entwicklung fortgeschrittene Gärtner weiß, dass er aus sich selbst nichts vermag. Sein Wille ist mit dem göttlichen Willen eins geworden. Weder über sich selbst noch über andere oder etwas anderes – und sei es auch nur über einen Apfel seines Gartens – möchte er allein bestimmen. Obwohl ihm alles gehört und zugänglich ist, möchte er doch nichts Eigenes haben und nicht eigenständig damit umgehen.

Der Herr selbst soll über alles ganz nach seinem Willen und zu seiner Ehre verfügen.

44

Selbstverständlich kannst du auch – vorausgesetzt, du erfährst die Unterstützung des Schöpfers – durch große Anstrengung, Askese und Befolgung der Wege und Mittel, wie sie in vielen geistlichen Schriften über das Gebet beschrieben sind, zur Unabhängigkeit des Geistes und zu einem gewissen Grad der Vollkommenheit gelangen. Ein solcher Entwicklungsprozess wird jedoch viele Jahre in Anspruch nehmen.

Lässt du hingegen ohne eigene Anstrengung und jegliches Wollen den Herrn in dir und deiner Seele wirken, wirst du schon nach sehr kurzer Zeit erhebliche Fortschritte machen. Du erfährst innere Freiheit und damit ein Freisein von allem, was dich vorher ungut gebunden hat. Du selbst wirst Herr über das Irdische, und das Irdische wird nicht mehr über dich herrschen.

Bedenke jedoch: Die Gnadenzuwendung des Schöpfers geschieht ganz nach seinem Willen und letztlich unabhängig davon, ob du dich bereitet und deinen Garten sorgsam gepflegt hast. Sicher wird er dir dahin gehend entgegenkommen; doch manchmal wird der Herr auch dem schlechtesten Boden seine Gunst und Gnade erweisen, sodass er die mannigfaltigsten und schönsten Früchte hervorbringen kann. Ein Mensch, dessen ungeordnete, verwirrte und vereinsamte Seele eine derartige Liebeszuwendung erfährt, wird niemals mehr zu seinem früheren Leben zurückkehren wollen.

45

Allein die Güte Gottes ist es, die dich stärkt. Du kannst ihr zwar den Weg bereiten, im Wesentlichen jedoch nichts tun. Der Herr ist es, der dich an seine Hand genommen hat, dich führt und dafür Sorge trägt, damit du nicht in frühere, ungute Verhaltens- und Denkweisen zurückfällst. Wenn du es durch die wiederholte Einübung des innerlichen Gebetes zulässt, dass der Herr in dir wirkt, und du dich nicht in sein Wollen einmischst, werden deine Seele und deine gesamte Persönlichkeit erstarken.

Äußere widerwärtige Umstände wie auch feindlich gegen dich gesinnte Menschen können dir rein gar nichts mehr anhaben. Nichts wird dir schaden oder dich unsicher machen. Du wirst in der Nachfolge Jesu Christi gleich ihm unbeschadet durch alles hindurchgehen können, um deinen begonnenen Weg umso schneller und zielsicherer fortzusetzen. Ein hierin erstarkter und auf das Ziel fest ausgerichteter Mensch hat nun die Aufgabe, anderen in ihrer Not zu helfen und ihnen den sicheren Weg zu weisen.

„Sie sprangen auf und trieben Jesus zur Stadt hinaus; sie brachten ihn an den Abhang des Berges, auf dem ihre Stadt erbaut war, und wollten ihn hinabstürzen. Er aber schritt mitten durch die Menge hindurch und ging weg." (Lukas 4,29-30)

VIII. Kapitel

Der Herr wird dir zur Seite stehen, wenn du keinen geistlichen Begleiter hast. Durch Betrachtung des Lebens Christi und der Glaubensgeheimnisse kommst du ihm entgegen und bereitest dein innerliches Gebet. Dein Unterscheidungsvermögen und deine Entscheidungsfähigkeit werden gestärkt.

46

Aus Büchern allein kannst du dir weder das innerliche Gebet noch das Ruhegebet aneignen. Um diesen Weg richtig und unbeschadet gehen zu können, sollte dir ein geistlicher Begleiter mit seiner Erfahrung und seinem Wissen zur Seite stehen. Doch wisse und vertraue darauf, dass der Herr selbst immer dein Lehrmeister ist und sein wird, wenn du nicht das Glück hast, von einem Gott nahen Menschen begleitet zu werden. Der Begleiter bestätigt oder korrigiert deine Erfahrungen auf dem geistlichen wie auch auf dem aktiven Lebensweg, lässt dich tiefere Zusammenhänge erkennen und führt dich unbeschadet in eine größere Dimension des Glaubens.

47

Wenn du dem Herrn nicht nur mit deinem und in deinem innerlichen Gebet entgegenkommen möchtest, sondern zusätzlich mit einer geistlichen Betrachtung, ist es gut und ratsam, nicht immer den Leidensweg Christi zu wählen. Oft lassen dies dein Gemütszustand oder eine Krankheit nicht zu. Nimm den auferstandenen Christus in den Blick und in dein Herz und meide jede Anstrengung und Belastung. Oft ist es einfach nicht möglich, den Gedanken an Schmerzen zu ertragen, besonders an die, die der Heiland gelitten hat. Schau auf ihn in der Auferstehung, wo er alle Schmerzen und den Tod überwunden hat und dir Teilhabe gewährt am österlichen Glanz. Vergiss niemals die Eucharistie, das Sakrament der Liebe, in dem der Herr uns immer gegenwärtig ist und durch das er uns in jeder Lebenssituation stärken möchte.

48

Gott, dessen Sohn Jesus Christus der Weg, die Wahrheit und das Leben ist, hat ihn uns als Mensch in die Welt gesandt, damit wir durch ihn den Weg zurück zum Vater finden. So wird dir Christus, wenn du dich ihm in Hingabe anvertraust, zum Mittler zwischen Erde und Himmel. Je mehr du bereit und in der Lage bist, im innerlichen Gebet alles loszulassen und abzugeben, umso mehr wird deine Seele von ihm durchdrungen und erhoben.

Du übst die wahre Armut im Geiste ein, von der Jesus in der Bergpredigt spricht. Du hegst somit keine Erwartungen, sondern bist – einfach gesprochen – offen für das dir Zugedachte. Die Gelassenheit und Ruhe überträgt sich in deinen Alltag, sodass du körperliche und seelische Belastungen und Schmerzen wie auch geistliche Trockenheit besser ertragen kannst.

Viele dagegen, denen eine wirkliche Armut im Geiste fremd ist, weil sie ständig nur verstandesmäßig aktiv sind, geraten in solchen Situationen in Unruhe und meinen, es sei alles verloren.

49

An gewisse Verhaltensweisen oder an kleine Fehler, die oft andere Menschen und vor allem deine eigene geistige Entwicklung stören, hast du dich derart gewöhnt, dass du sie nicht einmal mehr bemerkst. Daher solltest du die Hilfe anderer in Anspruch nehmen und eine Hand, die dir gereicht wird, unter keinen Umständen verweigern.

50

Mit zunehmendem Fortschritt auf dem Weg des innerlichen Gebetes wächst deine Liebe zu allen Geschöpfen, insbesondere aber zum Schöpfer selbst. Dein Gebet ist gefestigt, einem hohen Gebäude gleich, das auf sicherem Grund steht.

51

In äußeren Dingen haben wir größtenteils freie Hand und oft auch eine freie Wahl. Wir können abschalten oder an anderes denken, wenn wir etwas Bestimmtes nicht hören wollen. Unsere innere Stimme aber können wir nicht so leicht ignorieren oder abschalten. Gott spricht durch unsere Seele zu uns. Haben wir – vornehmlich durch das Gebet – ungehinderten Zugang zu ihr, hindert uns nichts daran, seinen Willen zu vernehmen. Unser Wollen mag noch so viele eigene Wege gehen: Jetzt hat Vorrang, dass sein Wille an uns geschehe. Sind wir ganz offen für ihn, sehen wir ein, dass das, was er will, auch geschehen muss.

52

Auf dem geistlichen Weg bist du nicht immer frei von Täuschungen, doch zunehmende Erfahrung schenkt dir das Vermögen, zu unterscheiden. Du lernst zu erkennen, ob es sich um eine bloße Einbildung handelt, ob sich alte Eindrücke in dir lösen, ob du dich selbst innerlich anredest oder ob es sein Geist ist, der in dir atmet. Wenn es göttliche Eingebungen sind, gehen sie in Erfüllung.

53

Du merkst deutlich, ob du es bist, der durch das Denken eingreift, ordnet und verstehen will, oder ob es ein anderer ist, der in deinem Inneren zu dir sprechen möchte. Eine Selbstansprache bleibt meist ohne Wirkung, während die Zuwendungen des Schöpfers an dich Worte und Werke zugleich sind. Sie lassen dich Wesentliches erkennen, was du spontan umsetzen kannst. Sie bereiten deine Seele, machen sie empfänglich und weich, beruhigen, erleuchten und erfüllen sie.

54

Ein solcher Anruf Gottes an dich findet nicht nur in der Stille und während des Gebetes statt, sondern gerade auch dann, wenn du voller Unruhe bist oder mitten in einer engagierten Tätigkeit und am wenigsten damit rechnest. Deine Seele ist trotz allem in der Lage, tiefe Erkenntnisse und Wahrheiten wahrzunehmen, die du aus dir selbst niemals hättest wahrnehmen können.

55

Wirken hingegen nichtgöttliche Kräfte in dir, kannst du sie daran erkennen, dass dich ständig neu dunkle Gedanken überfallen und alles Gute aus deiner Seele zu schwinden scheint. Du fühlst dich über längere Zeit unwohl und erregt, wahre Freude und Heiterkeit wollen nicht aufkommen. Selbst gute Absichten haben keinen Bestand, da sie zu schwach sind, sich durchzusetzen. Doch sicher hast du das Wirken des guten Geistes in deinem Leben schon oft erfahren, sodass du in der Lage bist, dich nicht nur zu erinnern, sondern in der neuen Situation klare Unterscheidungen zu treffen.

56

Dunkle Gedanken überfallen mich, o Herr, und ich weiß nicht, mich ihrer zu erwehren.
Du hast mich erschaffen und trägst Sorge für mich.
Ich weiß, du bist mein Vater und Freund, der es unendlich gut mit mir meint.
Wenn du willst, kannst du mir auch jetzt helfen.
Du möchtest immer helfen, allen, die zu dir rufen.
Die ganze Schöpfung möge dich preisen, dich, den Herrn des Himmels und der Erde.
Hinausrufen in die ganze Welt möchte ich deine Treue.
Auch die, die dich verlassen, verlässt du nie.
Nur kurze Zeit müssen wir leiden, bevor wir zu dir zurückkehren.
Du, Herr, weißt, was für mich das Rechte ist.
Du weißt richtig mit mir und den Deinen umzugehen.
Nimm meine Liebe von mir an – und sei sie noch so gering.
Und wenn du mich auch durch Täler des Lebens schickst, so wirst du mir trotzdem das Übermaß deiner Liebe offenbaren.
Herr, gib mir Worte, deine Werke zu preisen, wie meine Seele sie erkennt.

IX. Kapitel

Die heiligen Schriften, deine Lebenserfahrung, das Ruhegebet und der Austausch mit einem Gott nahen Menschen führen dich einen sicheren Weg. Nimmst du unvermeidbare, leidvolle Erfahrungen an, werden sie zu einer Brücke, die dich über Abgründe trägt und weiterführt.

57

Wer bist du, dem ich alles zu verdanken habe, der die Finsternis in mir erhellt und der das Herz erweicht, das vorher hart wie Stein war? Wer ist es, der quellendes Wasser spendet, wo nichts als Trockenheit herrschte? Wer weckt die Sehnsucht in mir und gibt mir Mut, den geistlichen Weg zu gehen?

58

Es wird Phasen in deinem Leben geben, in denen du mit großer Freude und Begeisterung geistliche Bücher lesen möchtest. Findest du die Literatur nicht, die deinem derzeitigen Bedürfnis entgegenkommt, werde nicht ungeduldig oder beginne an dir zu zweifeln. Neben den heiligen Schriften liegt immer deine Lebenserfahrung offen vor dir. Hinzu kommen deine Gebets- und Glaubenserfahrungen, aus denen dir neues Wissen zuströmt, wenn du sie wahrzunehmen und richtig zu lesen weißt. Der Herr selbst wird für dich zum lebendigen Buch, in dem du die Wahrheit schaust.

59

Ist dir das Ruhegebet schon über einen längeren Zeitraum vertraut und eigen, wirst du eine Ahnung von der Gegenwart Gottes bekommen. Wenn du betend in die tiefer werdende Ruhe gehst, spürst du in der Anrufung eine Annäherung an das Wesentliche. Du erkennst klar aus deinen geistigen Gefühlen, dass er dich wahrnimmt.

- Deine Liebe zu ihm wächst.
- Dein Glaube wird durch diese Erfahrung reicher.
- In dir reifen eine größere Entschiedenheit und Entschlussfähigkeit.

Werden dir diese Gnaden gewährt, schätze sie hoch, denn sie stellen bereits eine erhabene Stufe des Gebetes dar. Sei dir aber bewusst, dass du Gottes Gegenwart selbst nicht wahrnimmst, sondern nur die Wirkungen, die von ihm ausgehen.

60

Gibt es etwas in deinem Leben, was dir mehr bedeuten könnte als das innerliche Gebet und die damit verbundene Erfahrung, im wahren Glauben zu wachsen? Das, was du hier gewinnst, ist nicht im Geringsten mit dem zu vergleichen, was die äußere Welt zu bieten hat. Wenn du um seinetwillen im Gebet alles verlässt, wird er dir nicht nur entgegenkommen, sondern auch deine Seele mit seiner Gegenwart erfüllen.

61

Viele, die den geistlichen Weg des innerlichen Gebetes gehen und entsprechende Erfahrungen im Ruhegebet machen, leiden darunter, sich mit niemandem austauschen zu können. Allein mit dem fertig zu werden, was sich dir offenbaren und schenken möchte, kann zu einer Überforderung werden. Wisse daher einen geistlichen Begleiter in besonderer Weise zu schätzen, der diese deine Erfahrungen selbst durchlebt und durchlitten hat.

62

Machst du auf dem Weg des innerlichen Gebetes Erfahrungen mit dem Ruhegebet, achte sorgsam darauf, nicht zu übertreiben. Dein Vorgehen soll angemessen, vor allem in Ruhe geschehen. Vermeide alles äußere Tun wie auch das bewusste Denken, damit dein Geist lernt, nach innen, zu seiner Quelle, zu wirken.

63

Hast du zu einem Gott nahen Menschen Vertrauen gefasst, kannst du dich ihm bedenkenlos offenbaren, ihm dein Herz und deine Seele öffnen. Spürst du, dass er dich aus seiner eigenen

Erfahrung versteht, ist dies ein großes Geschenk für dich, mit dem du behutsam und dankbar umgehen solltest. Dich ohne Vorbehalte bedingungslos aussprechen zu können, ist bereits eine Gnade, die dir den Weg des innerlichen Gebetes erleichtert.

64

Dein geistlicher Begleiter wird vieles in dir klären und dir Licht bringen. Er wird dir viele Bedenken nehmen sowie Unsicherheit und Zweifel ausräumen. Vor allem aber wird er dir helfen, den Weg in die Innerlichkeit frei zu machen, damit der Geist Gottes spürbar und kraftvoll in dir wirken kann.

65

Es kann Zeiten geben, die dir arg zusetzen – im Gegensatz zu denen, die dir Freude am Gebet vermitteln. Unbedeutendes und Geringfügiges nehmen dich ganz in Beschlag, ohne dass du es willst und dich dagegen wehren kannst. Du kommst dir wie angekettet vor und scheinst nicht mehr Herr über dich selbst zu sein. Du fühlst dich wie besetzt und kannst dich bestimmter, immer wiederkehrender Gedanken nicht erwehren. Du beginnst unruhig zu werden und bekommst Angst, weil es dir trotz großer Willensanstrengung nicht gelingen will, dich davon zu befreien.

Diese oder ähnliche leidvolle Phasen können dich zwischenzeitlich überfallen, ohne dass du etwas dagegen tun kannst – selbst, wenn du hier und dort Hilfe suchst. Aus für uns vorerst nicht einsehbaren Gründen lässt der Schöpfer vieles in deinem Leben zu, was zwar nicht angenehm zu durchleben ist, jedoch unweigerlich zu deinem Heil führt.

Vieles, was dich überfällt, kannst du nicht durchschauen oder klar erkennen. Es ist dir, als ob deine Augen verhüllt wären. Wie von selbst jedoch wirst du dich klug verhalten:

Wenn du einen Weg oft gegangen bist, weißt du auch bei Nacht und in Dunkelheit, wo du anstoßen und dich verletzten könntest. Du hast den Weg immer wieder bei Tag gesehen und bist ihn gewohnt. Wie von selbst wirst du dich vor jeder Gefahr in Acht nehmen. Kehre also nicht um oder bleibe nicht stehen. Gehe behutsam weiter und vermeide alles, was sich gegen die Schöpfung und den Schöpfer richtet.

66

Da viele Menschen auf ihrem Gebetsweg bereits die Erfahrung gemacht haben, Unvorhergesehenes ertragen und Dunkles durchschreiten zu müssen, verliere nicht den Mut, wenn dich Ähnliches überfällt. Deine guten Absichten und dein Glaube scheinen wie gelähmt zu sein; alle Glaubenswahrheiten kommen dir auf einmal oberflächlich und nichtssagend vor. Du fühlst dich bedrückt, und eine dunkle Stimmung will nicht weichen. Die Existenz und Erkenntnis Gottes scheint dir unwirklich, so, als ob du nur von außen und von weither etwas davon gehört hättest. Angst überfällt dich, wenn du in die Stille gehst und dich zum Beten hinsetzen möchtest. Ein Druck, von dem du nicht weißt, woher er kommt, ist unerträglich. Willst du dich ablenken durch praktische Arbeit oder durch Lesen, so fühlst du dich unfähig oder gar des Lesens unkundig.

67

In diesen Zeiten fällt es dir schwer, mit anderen Menschen zusammen zu sein. Du wirst ungehalten über gute Ratschläge anderer und hast etwas gegen ihre Freundlichkeit. Was auch mit dir geschieht: Der Herr hält dich an seiner Hand und gibt dir die Kraft, nichts Ungutes zu tun.

68

Es gibt Zeiten, in denen es dir nicht gelingen will, über etwas Gutes nachzudenken oder es gar zu tun. Das mündliche Gebet wie auch jeder Gedanke an Gott bleiben nichtssagend; du bist unfähig, zu verweilen.

Selbst, wenn du allein bist, ist es dir nicht möglich, das innerliche Gebet zu üben. Dein Denken, deine Vorstellungs- und Einbildungskraft stehen dir ständig im Weg. Selbst, wenn du möchtest und guten Willens bist, schweifen deine Gedanken so unruhig umher, dass sie dich zu zerreißen drohen.

Gehe auch in dieser Zeit nichts Unrechtem nach und versuche, gelassen zu bleiben wie jemand, der einen Sturm über sich hinweggehen lässt, ohne dagegen anzukämpfen. Vielleicht hilft dir in dieser Situation das folgende Gebet:

Herr, wann werde ich wieder so weit sein, dass meine Seele sich dir öffnen kann?
Wann werde ich wieder aus ganzem Herzen zu dir rufen und dich preisen?
Herr, lass es nicht zu, dass ich so geteilt und zerrissen bin!
Lass es nicht zu, dass Denken, Fühlen und Wollen ihre eigenen Wege gehen!

X. Kapitel

Erste Auswirkungen deines innerlichen Gebetes, das sich zum Gebet der Ruhe erhoben hat. Versuche nicht zu fliegen, bevor dir Gott Flügel verliehen hat! Dränge dich nicht auf und urteile nicht über andere, wenn sie ihren eigenen Weg gehen.

69

Das innerliche Gebet hat körperliche, geistige und seelische Auswirkungen. Sind im Wege stehende Hindernisse ausgeräumt – manchmal kann dieser Vorgang schmerzhaft sein –, spürst du fast augenblicklich eine Verbesserung und ein Anwachsen deiner Lebenskräfte. Gleichzeitig erfährst du ein Aufrichten deiner

Seelenkräfte. Ein Gefühl der Leichtigkeit und Heiterkeit überkommt dich, und du sehnst dich erneut nach dem Gebet. Du bist nun in der Lage, die dir vom Schöpfer zuströmende Liebe zu empfangen. Sie gleicht dem lebendigen Wasser, das einer nie versiegenden Quelle entspringt.

„Wer aber von dem Wasser trinkt, das ich ihm geben werde, wird niemals mehr Durst haben; vielmehr wird das Wasser, das ich ihm gebe, in ihm zur sprudelnden Quelle werden, deren Wasser ewiges Leben schenkt." (Johannes 4,14)

70

Viele, die das innerliche Gebet üben, geraten infolge mangelnder Hingabe und Demut in Versuchung: Sie wollen fliegen, bevor Gott ihnen Flügel gibt.

71

Durch die Übung des innerlichen Gebetes darfst du sicher sein, dass dir Gnadengaben in verstärktem Maße zufließen. Zu welcher Zeit du was und wie viel empfängst, bleibt Geheimnis des Schöpfers. Gott spendet, wann er will und wie er will, und es kommt dabei weder auf die Zeit noch auf die von dir geleistete Arbeit oder deine Dienste an. Dies verstehe richtig: Deine Arbeit und deine Gottesdienste tragen trotzdem wesentlich zu dieser seelischen Entwicklung bei.

Gott verleiht oft jemandem in zwanzig Jahren nicht die höher entwickelte Stufe der Innerlichkeit, die er einem anderen beispielsweie in nur einem Jahr zukommen lässt. Glaube nicht, am Anfang der Übung des innerlichen Gebetes das verstehen zu können, was nur durch entsprechende Erfahrung und Zuwendung des Schöpfers einsehbar ist.

Du wirst niemals tiefere geistige Zusammenhänge verstehen, ohne selbst im Geistesleben erfahren zu sein.

72

Wer mit dir, mein Herr und mein Gott, auf dem königlichen Weg der Wahrheit und des Lebens unterwegs ist, leidet keine Not und ist fern jedem Abgrund.
Und wenn ich auch falle, so bist du es, Herr, der mir die Hand zum Aufstehen und Weitergehen reicht.
Und falle ich wieder und wieder in alte und schlechte Gewohnheiten, so lässt du mich dennoch nicht zugrunde gehen.
Ich will mich aufrichten zu dir und dir meine Liebe schenken.
Die Dinge der Welt sollen keine Macht mehr über mich haben.
Im Gebet der Hingabe will ich mich ihrer entledigen, um ganz für dich, o Herr, da zu sein.
Ich fürchte mich nicht, mit dir zusammen diesen geheimen Weg der Liebe zu gehen.
Gib mir die Kraft, meine Augen und die meiner Innerlichkeit auf dich zu richten, dass ich mich nicht in falscher Sicherheit dieser Welt wiege und mich nicht ihren Gefahren und wechselnden Meinungen aussetze.
Du, mein Herr und mein Gott, du bist mein Vater, der mich aus der Dunkelheit in das wunderbare Licht führt.
Du bist es, der mich nicht zugrunde gehen lässt, sondern die Dunkelheit in mir in Licht verwandelt.
Herr, möge ich dich niemals verlassen.
Durch deine Gnade vermagst du, allen und mir die Augen zu öffnen.
Lass es nicht zu, dass sie wieder geblendet werden.

73

Wenn dir der Herr die Freude am Gebet und damit das innerliche Gebet selbst nimmt, so kann es ein Zeichen dafür sein, dich auf dein Unvermögen aufmerksam zu machen, dass du aus dir und für dich allein nichts ausrichten kannst. Es wird für dich gut und richtig sein, wenn du aus eigener Erfahrung erkennst, wie wenig du aus dir selbst vermagst.

74

Bist du einige Zeit den Weg des innerlichen Gebetes gegangen und hast gute Erfahrungen mit dem Ruhegebet gemacht, spürst du immer stärker in dir den Wunsch, nicht nur andere, dir nahestehende liebe Menschen mit in das Gebet hineinzunehmen, sondern sie auch selbst auf den Weg zu führen.

Es wird dich sehr schmerzen, wenn ein dir lieber Mensch die Übung des innerlichen Gebetes aus oberflächlichen Motiven wieder aufgibt. Vielleicht will er auf gewisse Gewohnheiten und Annehmlichkeiten nicht verzichten. Nimm ihn – ohne Worte darüber zu verlieren – stellvertretend mit in dein Gebet. Ohne darauf zu warten, kannst du dich nach einiger Zeit davon überzeugen, wie dieser Mensch seinen eigenen guten Weg geführt wird und sehr glücklich dabei ist.

75

Maße dir nicht an, vorschnell Urteile zu fällen. Das gilt besonders für den geistlichen Weg und den des Gebetes. Aus dir heraus und nach deinem Dafürhalten kannst du weder bei dir selbst noch bei anderen Maßstäbe anlegen. Anstatt die Wahrheit zu treffen, wirst du eher erheblich von ihr abweichen. Begehe ebenso nicht den großen Fehler, deinen Fortschritt im geistlichen Leben nach den Jahren zu bemessen, in denen du das innerliche Gebet geübt hast.

Gott teilt seine Gaben auf eine für uns nicht nachvollziehbare Weise aus, und wir wissen nicht, was er wem zu welcher Zeit zukommen lässt. Unsere Vorstellungen und Meinungen hierüber sollten wir aufgeben.

76

Die Jahre zu zählen, in denen du auf dem Weg des innerlichen Gebetes bist, und daraus Schlüsse zu ziehen, kann gefährlich für dich sein. Allzu leicht nur bildest du dir ein, dein Beten habe dies und jenes bewirkt, vor allem aber, du hättest bestimmte Rechte bei Gott erworben. Derartige Einbildungen, die sich gern immer wieder einschleichen, blockieren den Fortschritt auf deinem geistlichen Weg.

Du solltest zufrieden und dankbar sein, wenn du spürst, dass sich dein Leben zum Besseren wandelt, dass du weniger Fehler machst und erfüllter lebst. Vielleicht darfst du sogar eine Ahnung von der Nähe Gottes und seiner fürsorgenden Liebe erfahren.

77

Führe also nicht an, wie oft und wie lange du das innerliche Gebet geübt hast. Wisse, dass jedes wahre Gebet etwas sehr Gutes bewirkt – bei dir, bei anderen und in der gesamten Schöpfung. Gehe diesen Auswirkungen aber nicht nach, sonst würdest du dich erneut an etwas binden, das sehr hinderlich ist. Bilde dir auf dem innerlichen Gebetsweg nichts ein und hab vor allem keine Erwartungen.
„Mein Freund, dir geschieht kein Unrecht. Ich will dem Letzten ebenso viel geben wie dir. Darf ich mit dem, was mir gehört, nicht tun, was ich will?" (Matthäus 20,13b-15a)

XI. Kapitel

Die Sehnsucht, am Abendmahl teilzunehmen, wird durch die Kraft des Heiligen Geistes in dir neu belebt. Trage Sorge, dass deine Seele wie ein klarer Spiegel das Bild Gottes in dir widerspiegeln kann.

78

Wenn du bisher keinen rechten Zugang zum Abendmahl oder zur Kommunion hattest, darfst du sicher sein, dass ganz besonders das innerliche Gebet dazu beiträgt, dir diese geistliche

Speise wieder nahezubringen und das Verlangen danach zu wecken.

79

Durch das geheimnisvolle Entgegenkommen des Schöpfers wird ein inneres Feuer in dir entfacht, das den alten Menschen in dir verzehren möchte: deine Fehler, deine schlechten Gewohnheiten, deine Trägheit und vieles mehr. Wie der Vogel Phoenix verjüngt aus der Asche des Feuers aufsteigt, so geht auch deine Seele gereinigt und erfrischt aus der Wirkung dieses Feuers hervor. Sie hat sich verändert: Zielgerichtetheit und Stärke sind ihr eigen. In noch tieferem Wissen um den geistlichen Weg gehst du ihn ungehindert in Freude und in größerer Sicherheit.

Sollten einmal diese neu gewonnenen Erfahrungen und Einsichten überschattet werden, so bitte den Herrn um die Gnade, das Feuer des Heiligen Geistes erneut in dir zu entzünden.

80

In deiner Wirklichkeit, Herr, habe ich wichtige Wahrheiten erkannt.
Du selbst bist die Wirklichkeit, die keinen Anfang und kein Ende kennt.
Aus dieser Wirklichkeit entspringen alle Wirklichkeiten.
Du bist die Liebe, aus der alle Liebe hervorgeht.
Du bist die Herrlichkeit, in der alle Herrlichkeit ihren Ursprung hat.
Durch deine Wahrheit, Liebe und Herrlichkeit erhebst du meine Seele zu Größerem.
Du lässt sie deine unendliche Gnade erfahren und prägst ihr erhabene Dinge ein.
Meine Unwahrheiten, Lieblosigkeiten und Dunkelheiten hältst du mir nicht mehr vor Augen.
Die Abgründe meiner Seele haben vor dir keinen Bestand.
Die Last, die ich durch Schuld und Unwissenheit auf mich geladen habe, hast du, Herr, von mir genommen und einen neuen Menschen aus mir gemacht.

81

Von ihrem Ursprung her ist deine Seele wie ein klarer Spiegel: ungetrübt und nach allen Seiten geöffnet. Bist du jedoch durch Erbe oder eigene Schuld belastet, hat sich etwas über deine Seele gelegt, das mit einem Nebel verglichen werden kann, der den Spiegel trübt. Je dichter und dunkler der Nebel ist, umso weniger klar leuchten dir die göttlichen Wahrheiten und Geheimnisse ein. Obwohl der Herr dir immer gegenwärtig ist, hast du dich von ihm entfernt.

Kannst du dir vorstellen, dass in manchen Menschen dieser Spiegel nicht nur verdunkelt, sondern sogar zerbrochen ist?

82

Bevor du dich aufmachst, den Weg des innerlichen Gebetes über das Ruhegebet und die folgenden Stufen zu gehen, solltest du Ausschau halten nach einem geistlichen Begleiter. Seine Erfahrung und sein Wissen weisen dir nicht nur die Richtung, die du einschlagen solltest, sondern er kann dir darüber hinaus Antworten auf deine Fragen geben.

Letztlich ist Christus dein Freund, Lehrer und geistlicher Begleiter. Auch, wenn du vorerst noch keinen Menschen deines Vertrauens gefunden hast, darfst du seiner Begleitung und seiner liebevollen Zuwendung immer sicher sein.

XII. Kapitel

Lege zum innerlichen Gebet alles aus der Hand. Du möchtest, dass dir nahestehende Menschen auch diesen Gebetsweg gehen. Gemeinschaft trägt.

83

Wenn du dich dem innerlichen Gebet zuwendest, solltest du jegliches Buch aus der Hand legen. Viele klammern sich – besonders zum Gebet – an vorgegebene Texte, um durch sie Halt zu bekommen. Sie meinen, durch solche Texte eine gewisse Abwehr gegen aufkommende Gedanken aufzubauen, die mit ihrem Gebet nicht in Einklang zu bringen sind.

84

Wer vorübergehend noch keinen geistlichen Begleiter zur Unterweisung in die Übung des innerlichen Gebetes gefunden hat, wähle zum rechten Einstieg die Schriften eines Heiligen, der diesen Weg gegangen ist. Diese geben dir Halt und Bestätigung. Sich nur auf sich selbst zu verlassen, bringt zu viele Irritationen.

85

Haben wir gute Fortschritte und Erfahrungen in der Übung des innerlichen Gebetes gemacht, besteht in uns der drängende Wunsch, auch alle, die wir lieben, an dem hohen Gut teilnehmen zu lassen. Alle, die diesen einfachen Gebetsweg gehen, berichten davon, dass es für sie kein größeres Gut gäbe.

Wir sollten im „Zureden" sehr behutsam und feinfühlig vorgehen – ohne aufdringlich zu sein. Es ist auch möglich, vorbereitende Bücher zu empfehlen. Diese oder unser Reden haben jedoch nur Erfolg, wenn der Boden vorbereitet ist und der Wunsch oder das Verlangen nach dem innerlichen Gebet besteht.

Beginnt jemand, diesen Weg zu gehen, sollten wir ihn aus eigener Erfahrung ermutigen. Was den Erfolg jedoch ausmacht: Nicht Wochen oder Monate – nicht einmal Jahre zählen.

86

Wenn du erst einmal begonnen hast, das innerliche Gebet zu üben, wird es dir nicht so schwer wie bisher sein, unabdingbare Schicksalsschläge anzunehmen und zu ertragen.

87

Mit zunehmendem Fortschritt auf dem inneren Weg hast du weniger und weniger das Verlangen, mit anderen über dein innerliches Beten ausführlich zu reden.

88

Wenn du hingegen noch am Anfang stehst, ist es höchst wichtig, mit anderen, die denselben Weg gehen, über all deine Erfahrungen offen zu reden und sich auszutauschen. Solltest du große Entscheidungen zu treffen haben oder gar einer akuten Gefahr ausgesetzt sein, bist du kaum allein in der Lage, die Situation zu meistern oder ihr zu entkommen. Ohne die Freundschaft und den Umgang mit anderen wirst du – auf dich allein gestellt – Zweifel, Rückfälle und Irrtümer erleben.

89

Durch das Üben des innerlichen Gebetes wächst ein Gottesbewusstsein in dir, das dir nicht nur die liebende Gegenwart Gottes vor dein inneres Auge führt, sondern sie dir auch mehr und mehr zugänglich macht. Hast du denn nicht in früheren Zeiten Gott manches Mal über mehrere Tage oder gar Wochen vergessen?

90

Betrachte es als große Gnade, wenn du Zugang zum innerlichen Gebet gefunden hast. Lass dich durch nichts aufhalten – selbst, wenn du meinst, dein Glaube oder deine Religiosität böten zu wenig Grundlage. Du darfst sicher sein: Trotz deiner Unvollkommenheit und Schwächen wird dir der Herr entgegenkommen und dich an seinem Heil und seiner Herrlichkeit teilhaben lassen.

91

Gib die Übung des innerlichen Gebetes unter keinen Umständen wieder auf – selbst, wenn du Durststrecken auszuhalten hast oder zwischenzeitlich diese oder jene unguten Verhaltensweisen sich deiner bemächtigt haben.

Denn gerade diese Weise zu beten verleiht dir neue Kraft und ist gleichzeitig ein hervorragendes Mittel, mehr aus dir zu machen. Ohne dieses Mittel würde es dir weitaus schwererfallen. Wer aber mit der Übung noch nicht begonnen hat, sollte ernsthaft darüber nachdenken, ob er auf die Dauer ohne so etwas wesentlich Wertvolles auskommen kann.

92

Im Grunde ist es unerklärlich, dass sich immer wieder Menschen scheuen – ja, sogar fürchten –, sich dem innerlichen Gebet hinzugeben. Einen wahren und wirklichen Grund für diese Furcht gibt es nicht.

93

Im Maßhalten und unter Anleitung eines Gott nahen Menschen kann das innerliche Gebet niemals und niemandem schaden. Selbst diejenigen, die gegen die Gesetze der Natur verstoßen und damit den Schöpfer beleidigen, können bedenkenlos und sofort mit diesem Heilsweg beginnen. Auf der anderen Seite kann für diejenigen, die Gott eigentlich dienen möchten, das Angebot des innerlichen Gebetes aber nicht annehmen, der Schaden sehr groß sein.

XIII. Kapitel

Das innerliche Gebet ist die Tür, durch die die göttliche Liebesenergie dich am ehesten erreichen kann. Nach tiefem Schweigen und Staunen im Gebet wird es dir zum Anliegen, von Gott zu reden.

94

Du wirst verstehen und einsehen: Das innerliche Gebet ist die Tür, durch die dir große Gnadengaben zufließen. Ist sie verschlossen oder der Weg zu ihr – wie du meinst – mit unüberwindbaren Hindernissen bestückt, kannst du nur schwer oder gar nicht die dir zuströmende göttliche Liebesenergie empfangen.

95

Nachdem du mit dem innerlichen Gebet begonnen hast, werden sich bei dir bereits nach kurzer Zeit wesentliche Veränderungen einstellen. Deine Religiosität beginnt von innen zu wachsen, und es ist dir ein besonderes Anliegen, von Gott zu reden oder reden zu hören – wenn diese Worte aus einem Herzen kommen, das in einem ständigen Aufbruch auf Gott hin lebt.

96

Täglich das innerliche Gebet zu üben, gereicht dir zu großem Gewinn. Da es sich wie von selbst und anstrengungslos vollzieht, wird es dir zu einer lieben Gewohnheit, die du nicht mehr missen möchtest. Du wirst es genauso wenig unterlassen, wie du – ohne darüber nachzudenken – gewisse notwendige Dinge in deinem Alltagsleben tust.

97

Durch das innerliche Gebet entsteht der Seele wahrer Reichtum – wenn ihr auch vorübergehend die Betrachtung verloren geht. Mach dir keine Sorge um die vielen zerstreuten Gedanken. Mit wachsender Übung werden sie mehr und mehr schwinden, da du in dieser Gebetsweise nicht mit dem Verstand vorgehst.

98

Im Fortschreiten auf dem Weg des innerlichen Gebetes wird deine Seele vorübergehend in ein Staunen versetzt, dass sie ganz außer sich zu sein scheint. Alles schweigt in dir: Dein Wille ist von Liebe durchdrungen; es scheint dir, als ob du dein Gedächtnis und Erinnerungsvermögen verloren hast, und dein Verstand denkt nicht nach. Du brauchst nicht um ihn zu fürchten, denn in dieser mystischen Versenkung ist er hellwach, jedoch untätig. Im Stillsein und Staunen lässt Gott dich erkennen, dass du nichts verstandesmäßig von dem begreifen kannst, was er dir zukommen lassen möchte.

99

Zusammenfassend dürfen wir sagen: Ohne unseren eigenen Verdienst lässt der Schöpfer uns nach seinem Ermessen wunderbare Gnaden zuströmen. Diese sollten wir als Geschenk annehmen und dankbar anerkennen. Wenn wir jedoch nicht wahrnehmen, was wir eigentlich von ihm empfangen, werden wir auch nicht fähig sein, ihn zu lieben.

100

Verliere nicht den Mut, den begonnenen Weg weiterzugehen, selbst, wenn Gedanken und scheinbar einleuchtende Argumente dich davon abhalten möchten. Die widergöttliche Kraft fühlt sich auf den Plan gerufen, weil du ihr mit zunehmendem Gehen in das Licht entgleitest. Und denke daran: Gehe diesen Weg möglichst nicht allein. Anfängern werden Gefahren und Hindernisse in den Weg gelegt. Von menschlicher Seite her bedarf es eines großen Mutes und von Gott her seines Beistandes, um nicht wieder umzukehren.

Durch dein Vorgehen ziehst du andere Menschen nach – ohne es manchmal selbst zu wissen.

101

An Folgendem kannst du ermessen, ob du schon eine große Strecke auf deinem Gebetsweg zurückgelegt hast: In allem, was geschieht, bleibst du innerlich ruhig und gelassen. Nichts vermag deinen Seelengrund auf Dauer zu erschüttern – weder Erfolg, hohe religiöse Gefühle noch Enttäuschungen, Trauer oder geistliche Durststrecken.

102

Es kann für dich eine große Enttäuschung bedeuten, wenn es dir aufgeht, dass du im innerlichen Gebet nichts ausrichtest und nichts leistest. Nimmt die Tätigkeit deines Verstandes ab, kann dies für dich vorübergehend irritierende Auswirkungen haben.

Wisse aber: Gerade im innerlichen Gebet werden deine Persönlichkeit gestärkt, dein Wille und dein Intellekt gefördert und gekräftigt. Deine Seele, die Quelle deines Seins, kann sich nicht willentlich oder gar mit Gewalt, sondern nur in tiefer Ruhe und Gelassenheit zu Größerem entfalten.

103

Hoffentlich sind diese Worte verständlich genug, sodass sie allen, die diesen Text lesen, einleuchten. Selbst, wenn du nur sehr wenig Erfahrung auf dem Weg des innerlichen Gebetes hast, wirst du sofort verstehen, was gemeint ist.

Möge der Herr denen, die dieses lesen, durch Gebetserfahrung die Augen öffnen!

XIV. Kapitel

Vorbereitung zum innerlichen Gebet und Auswahl eines geistlichen Begleiters. Ohne bewusst deine Gedanken zu steuern, nimmst du wie von selbst die „Sonntagsruhe" in dich auf.

104

Von der rechten Vorbereitung des innerlichen Gebetes hängt vieles ab. Wenn du Zeit findest, ist es empfehlenswert, vorher in der Bibel oder in den Schriften der Kirchenväter zu lesen.

- *„Alles vermag ich durch ihn, der mir Kraft gibt."* (Philipperbrief 4,13)
- *„So liegt meine ganze Hoffnung in deiner so großen Barmherzigkeit. Gib, was du verlangst, dann verlange, was du willst."* (Augustinus, Bekenntnisse, 10; 29,40)
- *„Jesus sagte: Komm! Da stieg Petrus aus dem Boot und ging über das Wasser auf Jesus zu. Als er aber sah, wie heftig der Wind war, bekam er Angst und begann unterzugehen. Er schrie: Herr, rette mich!"* (Matthäus 14,29-30)
- *„Der Herr sprach zu Abraham: Zieh weg aus deinem Land, von deiner Verwandtschaft und aus deinem Vaterhaus in das Land, das ich dir zeigen werde."* (Genesis 12,1)

Von der Einstellung, die du anfangs hast, und den Voraussetzungen hängt alles Weitere ab. Auf der ersten Stufe ist eher Mäßigung geboten als Übereifer, eher Klugheit als rein intuitives Vorgehen. Hier ist ein geistlicher Begleiter gefragt. Ohne ihn und seinen Rat solltest du die ersten Schritte auf dem innerlichen Gebetsweg nicht tun.

Achte jedoch darauf, dir keinen geistlichen Begleiter zu wählen, der dich den langsamen Krötengang lehrt und sich schon damit zufriedengibt, wenn sich die Seele im Jagen nach Eidechsen als mutig erweist.

105

Setze dein ganzes Vertrauen auf Gott und nimm Abstand von deiner großen Eigenliebe. Dann werden dich – zumindest erst einmal im Gebet – die Sorgen um das Zeitliche nicht mehr beunruhigen. Ist dein Geist jedoch kaum fortgeschritten, machen dir unstimmige Kleinigkeiten so viel zu schaffen wie anderen Menschen große und wichtige Probleme.

106

Als Anfänger im Üben des innerlichen Gebetes achte besonders darauf, dass sich keine Mutlosigkeit und deprimierenden Gedanken deiner bemächtigen. Nimm diese Worte sehr ernst, denn sie sind von großer Wichtigkeit.

107

Gehörst du zu den Menschen, die viel und über alles nachdenken, die ständig eine Fülle von Gedanken zu verarbeiten haben und jede Situation gedanklich abwägen, so gib besonders auf die folgende Weisung acht:

Eigene Gedankenaktivität und bewusstes Nachsinnen gehören nicht in das innerliche Gebet. In der Stille zu verweilen, bringt hohen Gewinn in jeglicher Hinsicht. Diese Gebetsweise ist einfach und zugleich angenehm; sie gleicht dem passiven Empfangen der „Sonntagsruhe“.

Werde bei diesem Gedanken nicht unruhig, sondern wage dich – allem zum Trotz – in dieses erfüllte Schweigen. Höre nicht auf die in dir oder von außen laut werdenden Stimmen:

- Du musst etwas leisten – auch beim Beten.
- Innerhalb der Woche „Sonntag zu halten“, ist ein Vergehen gegen die Schöpfungsordnung.

- Du kannst es dir nicht erlauben, dich so häufig von der Arbeit auszuruhen.
- Die Zeit, die du mit dem innerlichen Gebet verbringst, ist reiner Zeitverlust.

Gehörst du aber zu den Menschen, die es leichter vermögen, nicht alles zu bedenken und nicht pausenlos gedanklich aktiv zu sein, kommt dir diese Gebetsweise sehr entgegen. Wenn du still sein kannst, um die tiefe göttliche Ruhe zu empfangen, darfst du sicher sein: Neue und wesentliche Lebensimpulse beleben und erleuchten auch deinen Geist und Intellekt.

In jedem Fall machst du die wichtige Erfahrung, dass gedankliche Aktivitäten während des innerlichen Gebetes zu einem großen Hindernis werden, wenn du nicht richtig mit ihnen umzugehen weißt.

108

Strenge dich also im innerlichen Gebet nicht an; vor allem aber: Meide jegliches Nachdenken. Lass den Verstand ruhen und verweile einfach in der Stille. Es ist ein Verweilen vor dem Herrn. Du schaust ihn an – mit den inneren Augen deines Geistes – und er schaut dich an. Wenn du merkst, dass du abgelenkt wirst, rufe ihn wiederholt mit seinem Namen oder einer einfachen Bitte aus deinem Herzen. Viele sagen aus guter Erfahrung, dass diese einfache Art zu beten ihnen große Vorteile gebracht hat.

109

Es ist nicht einfach, für alles, was im innerlichen Gebet geschieht, die rechten und verständlichen Worte zu finden. Daher soll der wichtige Rat noch einmal an dich ergehen: Suche dir einen geistlichen Begleiter, mit dem zusammen du diesen Weg gehst und besprichst. Nur aus Büchern gerade mit diesem Gebet zu beginnen, ist nicht ratsam. Irrwege oder Umwege werden zu leicht beschritten. Lernst du später aus der persönlichen Erfahrung das Gelesene erneut kennen, stellt es sich dir ganz anders dar. Dein Verstehen ist umfassender, und du hast Einsicht in tiefere Zusammenhänge.

110

Aus eigenem Gefühl oder Gutdünken kannst du nicht feststellen, was für dich auf dem geistlichen Weg nützlich und förderlich ist. Daher ist ein geistlicher Begleiter unumgänglich – vorausgesetzt, er hat selbst Erfahrungen auf dem Weg gemacht, den er dich führt.

111

Besitzt der geistliche Begleiter die Gabe, mehrere gute Eigenschaften zu vereinen, so bietet dir dieses großen Vorteil. Es sollte ein klar denkender, Gott naher Mensch mit Lebenserfahrung sein. Wenn er dazu noch pädagogisches Geschick besitzt, wird er seinen Schülern das Lernen einfach machen. Gelehrte Begleiter jedoch, die das innerliche Gebet selbst nicht üben, nutzen dem Anfänger wie auch dem Fortgeschrittenen nichts.

Nicht nur vor intellektueller Theorie soll gewarnt werden, sondern auch vor übertriebener Frömmigkeit und übermäßig gefühlsbetonten Andachten. Davor bewahre uns Gott!

112

Auf dem Weg des innerlichen Gebetes gibt es verschiedene Stufen des Fortschritts. Hast du diese oder jene erreicht, kannst du dich nicht bewusst auf ihr halten, denn keine Gebetsstufe ist von der anderen isoliert oder über sie erhaben. Du wirst immer wieder die Erfahrung machen – besonders beim Einstieg in das innerliche Gebet –, wie notwendig es ist, zur ersten Stufe zurückzukehren.

113

Wir sollten dankbar dafür sein, dass immer wieder neu Menschen berufen werden, den Weg der Wahrheit und des Lichtes zu gehen und ihn anderen weisen. Wie orientierungslos wären wir wohl ohne diese Menschen bei den großen Glaubensfragen und den damit verbundenen Auseinandersetzungen, die sich in den Kirchen, den Gemeinden, der Politik und im Alltag des Einzelnen ergeben?

Wie kannst du den Dank dafür, dass es sie gibt, besser und tiefsinniger zum Ausdruck bringen als im Gebet?

Viertes Buch

Die Gesetze der Natur weisen auf den Schöpfer und unterstützen dich auf dem Weg zu ihm. Das innerliche Gebet und die Einhaltung vorgegebener Lebensgesetze führen zur Ausgewogenheit zwischen Körper, Geist und Seele und bereichern dein gesamtes Leben.

I. Kapitel

Halte die von der Natur vorgegebenen Gesetze ein. Die in ihnen liegende Ruhe weist auf den Schöpfer und unterstützt dein innerliches Gebet.

1

Zur Unterstützung sowohl des Gebetes als auch deines gesamten Lebens gehört die Einhaltung von Gesetzen, die letztlich von der Natur selbst vorgegeben sind. Bereits hier, in dieser Vorstufe, gewinnst du jene Ruhe, die auf den Schöpfer weist und unendlich kostbar ist. Überbetonte Gemütsbewegungen lassen nach, die gern dem Eigenwillen folgen und sogar unseren Verstand ganz besetzen können. Indem du dich bewusst der Schöpfungsordnung eingliederst, deine Grenzen und Freiheiten erkennst, spürst du, dass es für dich keinen anderen Weg gibt, als den Willen Gottes anzuerkennen und ihn zu deinem eigenen werden zu lassen.

2

Großer, gütiger und barmherziger Gott, du offenbarst dich mir, indem du Dunkelheiten meines Lebens nicht nachträgst, sondern mir Kraft und Mut verleihst, mein Leben nach deinem Willen neu zu gestalten. Es liegt nicht an dir, wenn viele Menschen im Eigenentwurf ihr Leben verbringen – kraftlos und kleinmütig.
Du, Herr, spendest Leben in Fülle.
Doch wir sind unfähig geworden, deine Gaben anzunehmen.
Schenke uns Offenheit und wirke durch uns in die Welt.
Nimm uns die tausend Ängste, die uns besetzen.
Sprenge unsere engen Grenzen und die menschlicher Berechnung.
Wandle Kleinmut in Mut, damit wir Großes vollbringen.
Du, Herr, bist der Geber alles Guten, und du teilst deine Gaben in Fülle aus.

Möge es doch mehr Menschen geben, die sich öffnend auf dich ausrichten und deine Gaben empfangen.

3

Das Gebet und eine entsprechend ausgewogene, zu dir passende Arbeit vertiefen nicht nur deine Innerlichkeit, sondern stärken sie. Du kennst deine inneren Gesetze, indem dein Gewissen zu dir spricht, und nimmst gleichzeitig die der äußeren Schöpfung wahr, nach denen du ebenso dein Leben ausrichten solltest. Dies ist eine hervorragende Voraussetzung, keinen Täuschungen zu unterliegen und generell dunkle Kräfte von dir fernzuhalten.

Hüte dich jedoch davor, deiner eigenen Einbildungskraft zu viel Raum zu geben, und lass dich nicht durch Launen bald zu diesem, bald zu jenem hinreißen. Allzu schnell und leicht bricht eine Eigenliebe durch, die uns beherrschen möchte, Täuschungen verursacht und sich dem Wesentlichen in den Weg stellt.

4

Erlebst du nicht immer wieder in deinem Leben, wie dich der Herr aus Gefahren befreit, in die du dich oft selbst gebracht hast? Und auch diejenigen sind nicht von seiner Zuwendung ausgeschlossen, die sich bewusst gegen ihn gestellt und gehandelt haben. Wie könnten wir da noch glauben, dass der Herr uns nicht befreien werde, wenn wir beabsichtigen, seinen Willen zu erfüllen?

II. Kapitel

Notwendige Voraussetzungen zum innerlichen Gebet. Deine seelische Entwicklung besteht nicht in vielem Denken, sondern im Lieben. Richte jedoch nicht über diejenigen, die ausschließlich durch sinnvolle Arbeit zur Freiheit des Geistes gelangen. Versuche, dein eigenes Leben durch Ruhe und Aktivität ausgewogen zu gestalten.

5

Diese Wegweisungen zum geistlichen Leben stellen keine allein gültige Regel dar. Da es viele verschiedene Wege gibt, müssen nicht unbedingt alle Menschen angesprochen werden, die dieses Buch zur Hand nehmen. Sie gehen vielleicht einen anderen Weg und erleben andere Gesetzmäßigkeiten. Wer jedoch Zugang zu dem hier beschriebenen Weg findet, wird Nutzen daraus ziehen und im geistlichen und aktiven Leben Fortschritte machen.

6

Einige Vorbemerkungen zum innerlichen Gebet sind sehr wichtig, denn – im Gegensatz zu der Meinung vieler Menschen – es besteht dieses Gebet nicht im Denken. Sie glauben, bereits geistig oder gar geistlich gehoben zu sein, wenn sie ihre Gedanken – und das oft unter großer Anstrengung – auf Gott gerichtet halten können. Bei der kleinsten Zerstreuung jedoch werden sie in ihrer Ausrichtung gestört. Selbst, wenn sie sich mit höchsten Dingen befasst haben, werden sie nun ungehalten und beginnen, an ihrem Weg zu zweifeln.

Sicher ist es einigen Menschen durch Gnade vergönnt, sich immer und immer wieder mit der Betrachtung der von Gott geschaffenen Werke zu beschäftigen, um dem Schöpfer näher zu kommen. Alle Menschen sind zwar fähig, Gott zu lieben, doch nicht alle haben von Natur aus das notwendige Denk- und Vorstellungsvermögen zu diesen Betrachtungen.

Bevor du den Weg des innerlichen Gebetes beschreitest, sollst du wissen, dass die Seele nicht das Denkvermögen ist. Deine seelische Entwicklung besteht nicht in vielem Denken, sondern im Lieben. Es wird sich dir jetzt die Frage stellen, wie du diese Liebe erreichen kannst.

Wenn die Wege auch individuell sehr verschieden sein können, so haben sie doch eines gemeinsam: Du entschließt dich, dein Leben durch ihn, mit ihm und in ihm zu gestalten. Du richtest dich auf den Urgrund alles Geschaffenen, auf Gott, aus und bist bereit, das dir Zugedachte aus seiner Hand zu empfangen. Ohne dich aufzulehnen, nimmst du auch das an, was für dich nicht einsehbar ist.

7

Wenn du daran denkst, dass du eines der vielen Geschöpfe bist, die Gott aus Liebe geschaffen hat, und dass du ihm dein Sein verdankst, wirst du mit größerer Entschlossenheit einen Weg zu ihm suchen und ihn konsequent gehen. Das bedeutet aber nicht, auf Kosten anderer deinen Weg zu beschreiten oder gar Pflichten und den Dienst am Nächsten zu unterlassen. Möge das Leben Jesu in dieser Welt und sein Weg zum Vater dir in allem Vorbild sein, ihm nachzufolgen.

Warum sind viele Menschen nicht mehr in der Lage, inmitten ihres Alltags und ihres Viel-Beschäftigtseins eine Zeit im Gebet mit Gott zu verbringen? Die Antwort ist einfach: Die Liebe zu uns selbst und den Dingen dieser Welt, die sich immer wieder einmischt, lässt uns nicht erkennen, dass wir mehr uns selbst gefallen und dienen wollen als Gott.

Auf der anderen Seite liegt auch eine große Gefahr darin, sich im Gebet zu verlieren und die praktischen Aufgaben und Pflichten zu vernachlässigen. Dies könnte der Fall sein, wenn deine Seele sich im Gebet geistig erfreut, dein Körper durch Nichtstun tiefe, wohltuende Ruhe erfährt und dir das lebensnotwendige Verhältnis zwischen Ruhe und Aktivität abhandenkommt.

8

Neben deinem persönlichen Gebet sind dir Aufgaben und Pflichten zugeteilt, die du in deinem Alltag erfüllen musst. Pflege auch den Kontakt zu anderen Menschen, besonders zu jenen, die dich brauchen. Indem du ihnen hilfst, aus einer äußeren oder inneren Not und Bedrängnis herauszukommen, indem du einfach für sie da bist und ihnen deine Zeit schenkst, trägst du wesentlich dazu bei, im Nächsten eine größere Menschen- und Gottesliebe zu erwecken. Sollte dir da deine eigene Ruhe vorgehen?

Wenn du für die Mitmenschen so gut wie nichts ausrichten kannst, solidarisiere dich zumindest mit ihnen und bestürme im Gebet stellvertretend für sie den Himmel, dass er helfend eingreifen möge. Nicht dein eigener Gewinn und dein Wohlgefallen am innerlichen Gebet sollten an der ersten Stelle stehen, sondern einzig und allein die Erfüllung des Willens Gottes. Es wäre nicht verantwortbar, einen Auftrag, der dir deutlich aufgezeigt wird, zu verweigern oder seine Ausführung zu verzögern – nur, weil dein persönliches Gebet jetzt mehr deinem eigenen Wollen entspricht. Ist das der von dir erhoffte Fortschritt, zu dem du eigentlich beitragen wolltest?

Nicht nur auf einem, sondern auf vielen Wegen können wir voranschreiten.

9

Maße dir nicht an, über andere Menschen zu richten oder sie danach zu beurteilen, ob sie das innerliche Gebet pflegen oder nicht. Jedes Gefühl von Mitleid oder der Wunsch zu bekehren sind unangebracht, wenn du Menschen begegnest, die in fortwährender Arbeit stehen und somit den Pflichten nachkommen, die ihnen aufgetragen sind.

Denk nicht, dass sie bei so großer Unruhe unmöglich ein geistliches Leben führen können. Wisse und bedenke, dass die

Wege, die der Herr führt, sehr verschieden von deinen Vorstellungen sein können. Jeder muss für sich selbst das herausfinden, was seinem Wesen und Auftrag, den Willen Gottes in dieser Welt zu verwirklichen, am meisten entspricht.

Herr, lass deinen Willen zu unserem Willen werden.
Gib mir die Kraft, mich zurückzunehmen, um nicht vorschnell über die Wege der anderen zu urteilen.
Viele brauchen weder einen Weg zu suchen noch auszuwählen – in ihnen atmet bereits dein Heiliger Geist.
Du, Herr, übernimmst die Sorge, dass wir in dem, was wir tun oder lassen, Fortschritte machen.
Du weißt, wie wir uns dir am schnellsten nähern können.
Führe uns diesen Weg, gib uns ein Staunen und die Einsicht, dass wir niemals anderen gegen deinen Willen etwas vorschreiben.

10

Es gibt viele Menschen, die sich nur wenige Minuten am Tag dem innerlichen Gebet widmen. Und auch sie gelangen durch ein sinnvolles Engagement im Alltag und ein ausgewogenes Tun zur Freiheit des Geistes. Ohne darüber nachzudenken und zu reflektieren, schenkt sich ihnen dieses wünschenswerte Glück, das zu einer Art Glückseligkeit führt. Sie besitzen die höchste Freiheit, die man sich im Leben nur wünschen kann. Man darf sagen – da sie nichts mehr wünschen –, dass sie alles besitzen. Die Seele eines solchen Menschen, der vornehmlich durch sein Tun auf den Weg der Vollkommenheit gelangt ist, hat tiefen Frieden in sich gefunden. Er verlangt nichts für sich, Angst hat er überwunden, unabänderliches Leid verwirrt ihn nicht, und auch durch große Freude gerät er nicht außer sich. Nichts in der Welt kann ihm diesen Frieden rauben, der eine Zuwendung Gottes ist. Nur eine Sorge ängstigt ihn: Gott aus seinem Herzen zu verlieren.

11

Welchen Weg du auch immer beschreitest: Das Ziel besteht nicht in erhebenden Erfahrungen oder gar Visionen, sondern darin, den Willen Gottes vollkommen an uns geschehen zu lassen. Alles, was du als seinen Willen erkennst, wirst du annehmen und dir zu eigen machen. Dazu gehört nicht nur das Angenehme, sondern unabdingbar auch das Schmerzliche, das du tragen und ertragen musst. Mit dem zufrieden zu sein, was oft weder deinen Vorstellungen noch deinem Wollen entspricht, ist durchaus nicht einfach und erfordert hohe Leistung.

12

Die höchste Aufgabe besteht also darin, unseren eigenen Willen dem Willen Gottes gleichförmig zu machen. Dies kann nicht nur, wie oft angenommen wird, einzig und allein in der Zurückgezogenheit und im Gebet geschehen, sondern auch mitten in der Aktivität des Lebens. Das Ausbleiben stiller Stunden und der Mangel an Zurückgezogenheit bedeuten also keine Hindernisse auf dem geistlichen Weg, unseren Willen mit dem göttlichen zu vereinen.

13

Der Zusammenklang von Ruhe und Aktivität ist das Entscheidende und nicht allein die Versenkung in eine tiefe Ruhe – wenn auch Letzteres wesentlich dazu beitragen kann, den Willen Gottes leichter zu erkennen. Die Frucht deines Tuns und das Ergebnis deines Voranschreitens auf dem geistlichen Weg sind weitaus wichtiger als der Weg selbst. Welchen Gewinn bringt es, wenn du dich auch noch so viel zurückziehst, aber nicht fähig wirst, dein Leben zu bestehen und dich in die Gemeinschaft zu integrieren? Du bist in dir verhaftet, und mangelnde Nächstenliebe und Eigenwilligkeit breiten sich aus. Dies scheint dann eher eine Vereinigung mit der Eigenliebe zu sein als mit dem Willen Gottes.

14

Hüte dich davor, zu viel und zu lange in Zurückgezogenheit zu leben. Vielleicht gewinnst du einen hohen Grad an geistlichem Fortschritt – doch weißt du nicht, ob du genügend Geduld und Demut besitzt, andere Menschen zu ertragen und ob du die Kraft hast, die von dir geforderte Aufgabe zu leisten. Wie kann man wissen, ob ein Soldat tapfer ist, wenn er niemals in die Schlacht gezogen ist?

15

Es entspricht nicht dem gesunden Lebensrhythmus der meisten Menschen, ohne zu arbeiten im Verborgenen und in Zurückgezogenheit das Gebet zu pflegen. Das Gebet gehört zur aktiven Welt, in die Wirklichkeit des Alltags. Mache dir daher keine Sorgen, wenn du die Zeit des innerlichen Gebetes nicht lange ausdehnen kannst, weil dich eine wichtige Aufgabe ruft.

16

Doch gib auf der anderen Seite acht, dich nicht in all deinem Tun und vielleicht sogar in der Nächstenliebe zu verlieren. Finde immer wieder die Zeit, zur Ruhe zu kommen und dein Inneres in Gott zu versenken. Die Länge eines Gebetes fördert dein geistliches Leben und deine Seele nicht. Gewinn und Fortschritt stellen sich erfahrungsgemäß erst dann ein, wenn deinem Gebet eine Zeit sinnvoll verrichteter Arbeit folgt. Durch diesen gesunden Wechsel wird deine Seele weitaus mehr von der Gottesliebe entflammt als durch viele Stunden der Betrachtung. Du musst es lernen, das Rechte zur rechten Zeit aus seiner Hand entgegenzunehmen.

17

Nicht nur mit deiner Gebetszeit solltest du verantwortungsbewusst und maßvoll umgehen, sondern ebenso mit der Zeit, in der du aktiv bist. Was nutzt es dir, wenn du das Nichtstun oder das Tun ständig überziehst und dabei krank wirst? Achte darauf, deine Gesundheit zu wahren und sie nicht zugrunde zu richten. Was geht dir verloren, wenn du sie und die gesamte Schöpfung nicht mehr genießen kannst?

18

Versuche einmal – es wird dir sehr helfen –, deinen Abhängigkeiten auf die Spur zu kommen. Sowohl die körperlichen als auch die geistig-seelischen können dich derart gefangen nehmen, dass du dich des freien Gebrauchs deiner Vernunft beraubt siehst.

Du kannst durch Erkenntnis und die praktische Umsetzung des Erkannten viel dazu beitragen, dass dein Körper gesünder wird und dein Geist und deine Seele sich in Freiheit entfalten können. Jetzt wird es dir leichtfallen, in der Schöpfung dem Schöpfer zu begegnen, um staunend und betrachtend zu verweilen. Von Menschen oder gar Dingen hingegen abhängig zu sein, bindet Geist und Seele, lässt sie nicht wachsen und macht auch körperlich krank.

III. Kapitel

Warnung bei psychischer Labilität: Beginne nicht mit dem innerlichen Gebet. Deine Gedanken und Handlungen haben unvorstellbar große Auswirkungen. Besprich deine Vorhaben mit einem geistlichen Begleiter.

19

Psychisch gefährdete oder sehr labile Menschen müssen äußerst vorsichtig mit dem innerlichen Gebet sein. Der Rat eines erfahrenen geistlichen Beraters ist einzuholen. Wenn du jedoch mit dem innerlichen Gebet beginnen solltest, ist hier eine verantwortungsvolle geistliche Begleitung unverzichtbar, um nicht nur die Gebetszeit zu reduzieren, sondern sogar vorübergehend von dieser Gebetsweise abzuraten. Eine einigermaßen gesunde seelische Verfassung ist unbedingte Voraussetzung für das innerliche Gebet. Sollte die Einbildungskraft kranke Elemente hervorbringen – das können am ehesten die Mitmenschen beurteilen –, muss dieses Gebet sofort aufgegeben werden.

20

Empfängst du auf deinem geistlichen Weg besondere Gnadenzuwendungen, mögen sie dich unter keinen Umständen hochmütig machen. Bleibe in allem bescheiden und in einem gesunden Maße demütig. Du gleichst sonst einer Spinne, die alles, was sie verzehrt, in Gift verwandelt. Ein Giftbiss lähmt die Beutetiere, die dann ausgesaugt werden. Der Spinne steht die Biene gegenüber, die alles in nahrhaften Honig wandelt.

21

Es darf und muss dir immer wieder gesagt werden: Besprich deine Erfahrungen, die du im Gebet machst – auch Phasen mangelnder Erfahrungen und Durststrecken –, mit einem geistlichen Begleiter. Auch wichtige Lebensentscheidungen oder Veränderungen, die du anstrebst, solltest du ihm nicht verschweigen. Viele haben die Stufen, die du erst erklimmen musst, bereits hinter sich. Bietet es sich da nicht an, diese Menschen zu befragen, von ihnen zu lernen und ihre Hilfe in Anspruch zu nehmen? Im Alleingang schleichen sich zu leicht Fehlentscheidungen und Irrwege ein.

22

Du hast dich für etwas Bestimmtes entschieden und es mit anderen besprochen, die dir Bestätigung deiner Entscheidung geben. Nun begibst du dich an die Verwirklichung. Hat der Herr jedoch die Sache anders entschieden, nutzt dir dein Entschluss wenig. Du wirst deinen Plan, so, wie du ihn dir vorgestellt hast, niemals umsetzen können – es sei denn, du bringst ihn in Einklang mit den Gesetzen der Schöpfung und mit dem Willen Gottes.

23

Es wird sich für dich lohnen, bei passender Gelegenheit über Folgendes nachzudenken: Möchte der Schöpfer etwas ganz anderes als das, was du dir vorstellst und willst, fügt er es so, dass du – ohne es zu wissen – ihm als Werkzeug für seinen Plan dienst.

24

Du weißt, dass alles miteinander verbunden ist. So haben deine Gedanken und Handlungen bestimmte Auswirkungen, die nicht nur dich allein und dein Schicksal betreffen. Empfängt deine Seele große Zuwendungen an Gnade, werden auch viele andere Menschen davon berührt. Du gereichst nun ihnen zur Gnade, aus der sie einen großen Nutzen für sich ziehen dürfen.

IV. Kapitel

Wende dich zuerst dem Höchsten zu, und der Himmel wird dich in allem unterstützen. Der wechselseitige Zusammenhang zwischen Leib und Seele.

25

Gibt es etwas Höheres, was mit dem inneren und äußeren Frieden verglichen werden könnte? Es liegt an dir, diesen Frieden zu erwerben, ihn zu leben und in ihm zu sterben. Traue deinem Schöpfer alles zu, wenn du ihn um etwas bittest – bescheide dich jedoch. Er wird dir seine Barmherzigkeit nicht entziehen, wenn du zuversichtlich auf ihn vertraust und dich darum bemühst, die dir zufallenden Aufgaben und Pflichten mutig anzugehen. Nichts wirst du entbehren, da du einsiehst, dass dir alles Notwendige zufließt.

26

Du wirst auf deinem Gebetsweg feststellen, dass es Zeiten gibt, in denen dir die Mitmenschen sehr wenig oder gar keinen Dank entgegenbringen. Zweifle unter keinen Umständen an dir und wisse, wie wankelmütig viele Menschen sind. Wenn du jedoch etwas für die anderen tust, nur um gelobt und anerkannt zu werden, unterliegst du einer großen Täuschung.

Du hast sicher schon des Öfteren schmerzlich erfahren müssen, wie schnell sich die Meinung mancher Menschen von heute auf morgen ändern kann. Was sie im Augenblick wertschätzen und loben, können sie bereits nach kurzer Zeit mit verächtlichen und abfälligen Worten von sich weisen. Wende dich daher zuerst und immer wieder an den Herrn. Er ist unveränderlich bis in alle Ewigkeit. Lass dich durch nichts verwirren und bleibe ihm treu.

27

Spürst du in dir einen Auftrag, der zur Unterstützung der Schöpfung und damit zur Ehre Gottes gereicht, zögere nicht, ihn auszuführen. Setze dieses Vorhaben in die Tat um – ungeachtet der Stimmen, die dich davon abhalten wollen. Achte weder auf Einsprüche oder sonstige Einwände, die dir eingeflüstert werden. Wage den Schritt, selbst, wenn du glaubst, ihn deiner Gesundheit nicht zutrauen zu dürfen. Der Himmel wird dich unterstützen. Der Herr besitzt das Vermögen, die Schwachen stark und die Kranken gesund zu machen. Wie können wir denn unsere Kräfte, unser Leben und unsere Gesundheit besser einsetzen als dem Herrn die Ehre zu erweisen und ihm zu dienen? Dir wird es niemals schlecht ergehen, wenn du diesen Weg betrittst.

28

Es ist zwar verständlich, dass dich zwischendurch Zweifel, Unsicherheit und Angst überfallen, doch du darfst sicher sein: In seiner Barmherzigkeit schenkt er dir die Gnade, diese Versuchungen zu überwinden und alles zu wagen, was auf den Weg der Wahrheit zum Leben führt. Deine Entschlossenheit, den ersten Schritt zu tun, genügt vollends, denn alles Weitere vollbringt der Schöpfer in dir und durch dich.

29

Wenn dein Körper leidet und du Schmerzen hast, leidet deine Seele unwillkürlich mit. In gewisser Weise ist die Seele abhängig von den Gesetzen des Körpers; bei sehr starken Schmerzen und körperlichen Leiden muss sie sich sogar dem Körper unterwerfen. Es wird zu einer unendlich großen Last, wenn auch der Geist mitleidet und nicht die Kraft hat, stärker als der körperliche Schmerz zu sein. Kranksein bedeutet immer etwas sehr Unangenehmes.

Sind deine Seelenkräfte stark, kannst du die Krankheit besser annehmen und ertragen. Fehlt dir aber die innere und äußere Ruhe, fühlst du dich zu allem unfähig und vermagst nicht einmal zu beten, so ist dieser Zustand etwas Schreckliches. Verliere unter keinen Umständen das Durchhaltevermögen und die Geduld. Erkenne, wie wenig du in dieser Situation aus dir selbst etwas zu tun vermagst und lass dich mit Körper, Geist und Seele immer wieder in die Hände Gottes fallen. Gib dich ganz ihm hin, damit sein Wille an dir geschehe und du aus seiner barmherzigen Liebe neue Kraft gewinnst.

30

Wenn du erst einmal durch das innerliche Gebet Zugang zu einer tiefen Ruhe und inneren Freude gefunden hast, wirst du das Verhalten derjenigen besser verstehen, die diese Erfahrungen bereits gemacht haben. Diese Menschen werden dich auf wunderbare Weise ansprechen, und in ihrer Nähe fühlst du dich wohl.

So, wie Fische ohne ihr Lebenselement nicht weiterleben können, wenn man sie mit Netzen aus dem Wasser zieht und an Land bringt, verhält es sich auch mit denjenigen, die das innerliche Gebet gewohnt sind, jedoch die Praxis aufgegeben haben. Die Verlockungen der vergänglichen Dinge dieser Welt können oft ein derartiges Übergewicht bekommen, dass sie – Fangnetzen gleich – das Wesentliche überschatten und es sogar unzugänglich machen. Der Entzug eines so wichtigen Lebenselementes kann durchaus deine Existenz bedrohen. Sei in deinem äußeren Leben maßvoll und versäume es nicht, dich zum Gebet immer wieder zurückzuziehen.

Aber auch diejenigen, die von dem lebendigen Wasser noch nicht getrunken haben – obwohl in ihnen eine Sehnsucht danach brennt –, müssen darauf achten, nicht in Abhängigkeit zu geraten und nicht in unliebsame Angelegenheiten verstrickt zu werden. Die sorgsame Pflege des innerlichen Gebetes wird ihnen helfen, aus der Routine des Alltags auszubrechen, um dem Geheimnis des ewigen Lebens auf die Spur zu kommen.

V. Kapitel

Durch Verinnerlichung und Wiederholung der Bitte „Herr, Jesus Christus, erbarme dich meiner" gelangst du wie von selbst in das Gebet der Ruhe. Lichtvolle Erkenntnis verhindert ein Eingreifen der Dunkelheit, denn du bist die Herrlichkeit Gottes.

31

„Kommt alle zu mir, die ihr euch plagt und schwere Lasten zu tragen habt. Ich werde euch Ruhe verschaffen." (Matthäus 11,28)

Was erwarten wir eigentlich mehr von ihm, der diese tröstenden Worte zu uns spricht? Frage dich, wonach du dich letztlich sehnst und was du suchst. Ist es die Pseudo-Ruhe, die die Welt zu bieten hat und in der du dich gänzlich verlieren kannst? Suche weder da Erfüllung noch Ruhe, wo sie unmöglich zu finden sind. Bitte den Herrn in deinen Gebeten um das Rechte für dich, um Einsicht, und dass er dir Licht schenken möge.

„Sie kamen nach Jericho. Als er mit seinen Jüngern und einer großen Menschenmenge Jericho wieder verließ, saß an der Straße ein blinder Bettler, Bartimäus, der Sohn des Timäus. Sobald er hörte, dass es Jesus von Nazaret war, rief er laut: Sohn Davids, Jesus, hab Erbarmen mit mir! Viele wurden ärgerlich und befahlen ihm zu schweigen. Er aber schrie noch viel lauter: Sohn Davids, hab Erbarmen mit mir! Jesus blieb stehen und sagte: Ruft ihn her! Sie riefen den Blinden und sagten zu ihm: Hab nur Mut, steh auf, er ruft dich. Da warf er seinen Mantel weg, sprang auf und lief auf Jesus zu. Und Jesus fragte ihn: Was soll ich dir tun? Der Blinde antwortete: Rabbuni, ich möchte wieder sehen können. Da sagte Jesus zu ihm: Geh! Dein Glaube hat dir geholfen. Im gleichen Augenblick konnte er wieder sehen, und er folgte Jesus auf seinem Weg." (Markus 10,46-52)

32

Gehe den inneren Weg und schaue dabei auf Gott. Wende deine Kraft auf, um das zu bekämpfen, was dich um dein wahres Erbgut bringen will. Dann gehe wieder in dich und rufe in Wahrheit und mit offenen Augen der Seele den an, der der Welt das Licht gab, dass er es auch dir gebe.

33

Du darfst die Bewohner des Himmels um ihre Fürsprache bitten, dass Gott dich in seiner großen Barmherzigkeit teilnehmen lasse an der himmlischen Freude und dir lichtvolle Erkenntnis schenke.

34

Es wird der Tag kommen, an dem du dich ganz versenkt sehen wirst in das unendliche Meer der höchsten Wahrheit, wo du nicht mehr die Freiheit hast, zu sündigen. Du wirst keine falschen Entscheidungen mehr treffen, da du sicher bist vor dem Eingreifen der Dunkelheit, und du wirst teilnehmen am Leben Gottes.

35

Deine Seele wird eingehen in die unendlich tiefe Ruhe, die von Gott ausströmt, in das höchste Gut. Du wirst erfahren, was Gott erkennt, und vor allem lieben, was er liebt. Die Gnade Gottes hat so viel an dir vermocht und dich an der göttlichen Natur teilhaben lassen, dass du das höchste Gut nicht mehr vergessen kannst und nicht zu vergessen wünschst.

36

Du bist die Herrlichkeit Gottes und in das Buch des unsterblichen Lebens eingeschrieben. Wie kannst du da noch traurig und beunruhigt sein?
„Meine Seele, warum bist du betrübt und bist so unruhig in mir?

Harre auf Gott; denn ich werde ihm noch danken, meinem Gott und Retter, auf den ich schaue. (Psalm 42,6)
Darum singt dir mein Herz und will nicht verstummen. Herr, mein Gott, ich will dir danken in Ewigkeit. (Psalm 30,13)
Ich weiß, in der Ruhe liegt meine Rettung, nur Stille und Vertrauen verleihen mir Kraft." (Jesaja 30,15)

37

Herr, wie kommt es nur, dass wir das Gute, das du uns erweist, so wenig begreifen und es nicht für uns und andere zum Nutzen anwenden?
Auf verschiedenste Weise lässt du uns deine Liebe zuströmen;
doch wir, die wir in der Liebe zu dir so wenig Erfahrung besitzen, wissen nicht recht damit umzugehen.
Wir kehren allzu leicht in alte und enge Gewohnheiten zurück.
Unsere Gedanken wenden sich oft von dir ab – anstatt offen zu sein für die großen Geheimnisse, die du uns im Heiligen Geist offenbaren möchtest.

38

Um die guten Wirkungen des Gebetes zu unterstützen, kannst du im Alltag von deiner Seite aus einiges beitragen. Stolperst du immer wieder über ein- und denselben Fehler, solltest du unbedingt etwas Konkretes dagegen tun, damit er nicht zur Gewohnheit wird und sich einnistet.

Wenn du ein Pflänzchen setzt und täglich begießt, wird es mit der Zeit so groß, dass du dich einer Schaufel oder gar Hacke bedienen musst, um es wieder zu entwurzeln. Dasselbe ist der Fall, wenn du einen Fehler täglich begehst und ihn nicht wieder beseitigst – mag er auch noch so klein sein. Bitte Gott um seine Hilfe, denn aus uns selbst vermögen wir oft wenig.

39

Durch das Gebet der Ruhe werden dein Körper und dein Geist derart still, dass deine Seele – ihrem Sehnen entsprechend – die ihr zuströmende Ruhe genießen kann. Dadurch werden sowohl der äußere als auch der innere Mensch gestärkt. Du hast das Gefühl, bis ins innerste Mark würde dir neue Lebensenergie eingegossen. Es ist dir, als ob du an einen Ort der Ruhe und der Kraft gelangtest und von beidem so viel aufnimmst, wie es dir möglich ist. Ohne dieses Vorgehen genauer beschreiben zu können, fühlst du, wie neue Lebensimpulse dich ganz und gar durchdringen.

40

Die Seele nimmt – und anders kann es nicht beschrieben werden – Gottes Liebe in sich auf. Dein Inneres ist ganz erfüllt von diesem Strömen, doch im Eigentlichen begreifst du nicht, was letztlich mit dir geschieht. Du hast den Wunsch, das Strömen dieser tiefen Ruhe möge niemals enden. Daher verhältst du dich ganz still – ohne körperliche und geistige Bewegungen.

Im Gebet der Ruhe gehst du eine Freundschaft mit dem Herrn ein – eine Freundschaft, die er besonders mit deiner Seele eingehen möchte. Entsprechend deinem Fassungsvermögen teilt er dir große Wahrheiten mit. Selbst, wenn du das Wesen dieser inneren Erleuchtung nicht erfassen kannst, wird dir doch das in deiner Seele aufflammende Licht neue und wichtige Erkenntnisse bringen. Dein Wesen ist von Staunen erfüllt – dein Sprechen, Denken und Bitten sind ganz zum Schweigen gekommen. Obgleich deine Sinne und deine Wahrnehmung hellwach sind, hast du das Gefühl geistiger Trunkenheit.

VI. Kapitel

Konkrete Hinweise, die dir den Einstieg in das innerliche Gebet erleichtern. Was auch im Gebet geschieht: Es geschieht zu deinem Besten. Du erfährst den Urgrund, aus dem dein Leben und das der gesamten Schöpfung entspringt.

41

Das Wichtigste, um leicht in das innerliche Gebet hineinzukommen, soll dir noch einmal kurz zusammengefasst vor Augen geführt werden:

- Suche dir einen Platz, an dem du möglichst nicht gestört wirst.
- Setze dich bequem und gib im Ausatmen deine Anspannung ab.
- Schließe die Augen und hab keine Erwartung an Kommendes.
- Lass dein bewusstes Denken ruhen. Gehe auch keinem Gedanken nach, der von selbst kommt. Bei diesem Gebet bist du nicht mit dem Verstand tätig.
- Um deine umherschweifenden Gedanken und Kräfte zu sammeln – wenn es nicht bereits von selbst geschieht –, richte dich in einer kurzen Gebetsanrufung, die du innerlich wiederholst, auf Jesus Christus aus.
- Schon sehr bald spürst du innere Sammlung und Ruhe, die sich von selbst einstellen.
- In dieser Hingabe an Gott tust du von dir aus rein gar nichts.
- Überfallen dich jedoch Gedanken oder eine Unruhe, die dich besetzen, kehre zu deinem Gebetswort zurück und wiederhole es innerlich.
- Schon sehr bald wird sich dir erneut die wohltuende und heilende Ruhe schenken.
- Lass alles geschehen, was geschehen will. Setze von dir aus dein verstandesmäßiges Denken nicht ein und aktiviere auch nicht deine Wahrnehmung.

Nach einiger Zeit der Übung des innerlichen Gebetes stellen sich Sammlung und Ruhe auch dann von selbst ein, wenn du dich zum Gebet hingesetzt hast, dich aber andere Dinge beschäftigen und du nicht einmal mehr motiviert bist zu beten. Wenn du dich jetzt bewusst zurücknimmst, dich nicht anstrengst oder deinen Willen einsetzt, wirst du für Körper, Geist und Seele diese erhebende Ruhe erfahren. Hast du das Gefühl, dich zu verlieren, hab keine Sorge. Dir kann nur etwas Gutes geschehen. Mit großem Gewinn wirst du in deiner seelischen Entwicklung Fortschritte machen.

Wenn du dich – vielleicht nach einer halben Stunde – vom Gebet erhebst, wird dir diese Zeit sehr kurz vorkommen, und du hast das Verlangen, dein Gebet fortzusetzen. Beende aber das innerliche Gebet und spreche stattdessen ein mündliches oder nimm dir jetzt Zeit zur geistlichen Schriftlesung. Du bist nicht mehr weit davon entfernt, dass sich dein Lesen in Gebet wandelt.

42

Selbst, wenn du vermeintliche Rückschläge beim innerlichen Gebet erlebst, darfst du sicher sein, dass alles zu deinem Besten geschieht. Halte durch und gib nicht auf! Du übst eine wunderbar einfache Gebetsweise, die dein gesamtes Leben bereichert. Sie befreit dich von Abhängigkeiten, lässt dich das Veränderliche vom Unveränderlichen unterscheiden, gibt dir größere Entschiedenheit und Freiheit deines Geistes.

43

Eine überaus wichtige Erfahrung, die du beim Üben des innerlichen Gebetes machen wirst, ist die innere Sammlung. Du fühlst sie ganz tief in deinem Inneren und nimmst wahr, wie sich zu deiner äußeren Wahrnehmung eine weitere, die innere Wahrnehmung, einstellt. Deine Seele möchte sich in ihr Inneres zurückziehen. Während du beim Gebet die körperlichen Augen schließt, öffnen sich die deiner Seele, um göttliche Kräfte in sich aufzunehmen. Es ist schwer oder gar unmöglich, diese Erfahrung in Worte zu kleiden oder Vergleiche zu finden, mit denen sie beschrieben werden kann.

Alle machen jedoch die gleiche Erfahrung: Das innere Gesammeltsein wird begleitet von tiefer Ruhe und innerem Frieden. Du hast das Gefühl, es fehle dir nichts mehr. Das mündliche Gebet oder die Betrachtung würden dir zur Last, nähmest du sie mit in das innerliche Gebet. Du nimmst diese fließende Energie, die Liebe ist, in dich auf und möchtest, dass dieser Zustand währt.

44

Mische dich während des innerlichen Gebetes in rein gar nichts. Bitte Gott auch nicht um mehr, als er dir mitteilen will, und auch nicht darum, alles verstehen zu können. Vieles, mit dem du leben musst, bleibt für dich vorerst uneinsehbar. Lass dich nicht von deiner Einbildungskraft verführen und somit täuschen. Nimm dich in Bescheidenheit zurück und versuche nicht, alles mit deinem Verstand zu durchdringen.

45

Ohne jemals ein Wort darüber zu verlieren, wirst du eine Ahnung von der Gegenwart Gottes in deiner Seele bekommen.

„Wenn jemand mich liebt, wird er an meinem Wort festhalten; mein Vater wird ihn lieben, und wir werden zu ihm kommen und bei ihm wohnen." (Johannes 14,23)

Die Gnade der göttlichen Gegenwart, die du mehr und mehr in dir fühlst, wird dir zu einem großen Geschenk. Aus dieser Quelle, aus der du Gnade über Gnade empfangen darfst, entspringt dein Leben und das der gesamten Schöpfung.

46

Denke niemals, dass du aus dir selbst und nach Belieben zu dieser Quelle und zu diesem Licht zurückkehren kannst. Du kannst ebenso wenig aus dir selbst bewirken, dass der lichte Tag andauert und die natürliche Nacht nicht hereinbricht. Das beste Mittel jedoch, um immer wieder ins Licht zu kommen und dort zu bleiben, ist die Erkenntnis: Aus uns selbst vermögen wir rein gar nichts. Alles ist Geschenk der Liebe Gottes.

VII. Kapitel

Die guten Auswirkungen des innerlichen Gebetes zeigen sich in deinem Alltag. Hänge dein Herz nicht an Vergängliches. Was du bei Krankheit und im Alter bedenken solltest.

47

Halte nicht ständig Ausschau nach anderen, „besseren" Gebetsweisen, wenn du das innerliche Gebet übst. Es sind deine unruhigen Gedanken, die die Stille ungern zulassen. Erinnere dich daran: Stelle im innerlichen Gebet alle Verstandestätigkeit ein. Du hast die Gnade empfangen, auf andere Weise – ohne Gedankenführung – beten zu dürfen. Die Früchte, die sich aus dem innerlichen Gebet ergeben, zeigen sich am ehesten in deinem Alltagsleben:

- Du leistest Arbeit, die Leben unterstützt und fördert.
- Du gewährst Menschen in schwierigen Situationen Hilfe.
- Du fragst immer wieder nach dem Willen Gottes.
- Du führst pflichtbewusst und kreativ die auf dich zukommenden Aufgaben aus.
- Du setzt dich für die Erhaltung der Schöpfung ein.
- Du gibst Gott in allem die Ehre.

- Du tust die Liebe zur Schöpfung und zum Schöpfer kund und lebst sie.
- Du hältst Versuchungen aus, ohne zu erliegen und kannst geistige Durststrecken wie auch Leid und Trauer ertragen.
- Du wirst in allem demütiger.
- Du lässt Leid, das unumgänglich angenommen werden muss, zu einem Gebet werden.

Das wahre Gebet offenbart sich dir auf diese Weise und nicht in wonnigen Andachtsgefühlen.

48

Es ist nicht einfach, bestimmte Menschen zu ertragen und sich ihrer anzunehmen. Du wirst durch das Gebet diese Kunst schneller erlernen und fähig werden, anderen zu helfen, die selbst zu schwach sind, dieses oder jenes richtig auszuführen. Bitte Gott um die notwendige Kraft, die Schwächen anderer zu ertragen oder sie gar in Stärke umzuwandeln.

49

Zu den guten Auswirkungen des innerlichen Gebetes gehört, dass du fähig wirst, aus deinem Herzen fürbittend für andere zu beten. Es wird dir mehr und mehr zu einem Anliegen, da du die Kraft des Gebetes, von Tag zu Tag zunehmend, nicht nur vorübergehend kennenlernst, sondern auch dauerhaft spürst.

50

Es steht schlimm um manche Menschen. Ihr Sinnen und Trachten befindet sich auf einer niedrigen Stufe. Sie erkennen nicht die hohe Würde ihrer Seele und erniedrigen sich so tief, dass sie ihr Herz an schnell vergängliche und niedrige Dinge hängen.

51

Trachte daher nicht nach Lob und Ehre und hänge dein Herz nicht an Vergängliches. Derartige Hindernisse lassen die Früchte des innerlichen Gebetes nicht reifen, sodass ihr Genuss dir über sehr lange Zeit verwehrt ist. Deinen geistlichen Fortschritt kannst du durch Willensakte und klare Entscheidungen unterstützen.

52

Nach längerer Übung des innerlichen Gebetes kann es vorkommen, dass dich Gedanken zu radikalem Tun drängen. Es ist zum Beispiel möglich, dass du deine Wohnung verkleinern möchtest und nicht lebensnotwendige Wertgegenstände abgeben willst. Gehe dem jedoch nicht übereilt nach. Letztlich sind diese Dinge nebensächlich, wenn du nur darauf achtest, nicht von ihnen abhängig zu sein und nicht dein Herz an sie hängst.

53

Es gibt Phasen in deinem Leben, in denen du starke Schmerzen ertragen musst. Du hast alles Erdenkliche getan, um sie zu überwinden – doch ohne Erfolg. Hab keine Angst und grüble nicht zu viel. Nimm das Unumgängliche an und wende dich an den Herrn, dass das Feuer der Liebe zu ihm, das er in deine Seele senkt, nicht erlösche. Er möge dir Kraft und Mut geben durchzuhalten, damit du durch deine Tragfähigkeit auch anderen diesen Weg weist.

54

Führe dir vor Augen – besonders, wenn dich dunkle Phasen und Leid überfallen: Jedes Leid wird vorübergehen – wie auch alles andere im Leben. Mit dieser Einstellung solltest du jeden

Angriff auf deinen Körper wie auch auf deine Seele und überhaupt alle Widerwärtigkeiten leichter ertragen können.

55

Kürze unbedingt die Zeit deines Gebetes ab, wenn du in keiner guten körperlichen Verfassung bist. Dies gilt ebenso bei starken Schmerzen wie bei vorübergehendem Unwohlsein.

56

Bei starken Kopfschmerzen kannst du dir schaden, wenn du das innerliche Gebet aufnimmst. Warte mit dem Gebet, bis du schmerzfrei bist und wieder neue Kraft gewonnen hast.

57

Wenn du im fortgeschrittenen Alter bist, unterlasse es, viel von deinem Alter zu reden. Nimm es freudig an, denn mit jedem Tag, an dem du älter wirst, kommst du dem Ältesten, Gott, näher. Dies betrifft jüngere Menschen ebenso.

58

Versuche, eine Krankheit und letztlich auch den Tod geduldig hinzunehmen. Sträubst du dich dagegen, errichtest du damit Blockaden auf deinem geistlichen Weg. Gibst du dich immer wieder in die Hände Gottes, wirst du alle Furcht – auch die vor dem Tod – ablegen. Komme, was da wolle.

VIII. Kapitel

Praktische Hinweise zum innerlichen Gebet. Wie du deinen seelisch-geistigen Fortschritt durch innere Einstellung und bestimmte Verhaltensweisen unterstützen kannst.

59

Es ist nicht ratsam, ein Tagebuch über dein Beten und deine Erfahrungen im Gebet zu führen. Ein Festhalten des Gewesenen lässt beim Nachlesen nur allzu leicht Missverständnisse aufkommen; Erwartungen werden geschürt, sodass deine Offenheit für Gott darunter leidet. Das aufzuschreiben, was du im Gebet erfährst, ist verlorene Zeit und kann dich vom Weg ablenken. Hinzu kommt, dass durch ein derartiges Festlegen die Freiheit deines Geistes gehemmt wird. Oft würdest du auch – ohne es selbst zu merken – deine Wunschvorstellungen in Worte fassen, die mit der wirklichen Erfahrung rein gar nichts zu tun haben.

Erfährst du im Gebet Bedeutendes, wirst du es niemals vergessen. Vergisst du hingegen deine Gebetserfahrungen, ist es nicht mehr notwendig, darüber zu berichten. Lege nicht zu viel Gewicht auf das, was du während des Betens wahrnimmst. Wisse – und das sollte dir genügen: Du wandelst auf einem sicheren Weg.

60

Du solltest darauf achten, eine gute Distanz zu deinem geistlichen Begleiter einzuhalten. Sie zu überschreiten mit vielen lobenden Worten oder gar durch Geschenke, ist keinesfalls angebracht. Nur allzu gut ist es zu verstehen, wenn du ihm deinen Dank ausdrücken möchtest. Werde jedoch nicht zu persönlich in deinen Worten und halte dich mit größeren Geschenken zurück.

61

Wenn du an deinem geistlichen Begleiter auch nur die leiseste Art von Eitelkeit oder Selbstgefälligkeit bemerkst, halte es für verdächtig und zieh dich von ihm zurück. Entweder fühlt sich deine Seele bei jemandem wohl oder nicht. Im letzteren Fall halte Ausschau nach einem anderen geistlichen Begleiter.

62

Kommt während der Zeit des innerlichen Gebetes der Wunsch in dir auf, das Gebet zu beenden, folge dieser Eingebung nicht. Bitte den Herrn darum, aushalten zu können, und nimm dein Gebet innerlich wieder auf. Denke jedoch immer daran, deine Seele sanft zu behandeln.

63

Sollten dich im Gebet der Ruhe innere Wärme oder ein Zittern am ganzen Leib überkommen, mache dir aus beidem nichts. Die Gefahr, derartige körperliche Erscheinungen geistlich auszulegen, ist groß. Vermeide es, darüber nachzudenken, denn die Ursachen sind meist in deiner körperlichen Konstitution begründet.

64

Je weiter du auf dem geistlichen Weg fortschreitest, umso mehr musst du mit Prüfungen rechnen. Gott überlässt uns hierin nicht die Wahl.

65

Auf deinem Gebetsweg wird es Durststrecken und Trockenheit geben. Besonders, wenn dein Seelenvermögen bereits einen bestimmten Grad an Stärke aufweist, wird der Herr dich durch diese Zeiten prüfen, ob deine Liebe zu ihm standhaft ist. Da auch die geistigen Trockenheiten Zeichen der Gnade sind, ängstige dich nicht und stehe sie durch. Die guten Erfahrungen des innerlichen Gebetes werden sich zu einer Zeit wieder einstellen, in der du am wenigsten damit rechnest.

66

Sollten innere Anfechtungen und Prüfungen dich trotzdem erschüttern, versuche, so wenig wie möglich darauf einzugehen. Achte in diesen Zeiten besonders auf deinen Körper und pflege ihn. Rufe dir das Wort des heiligen Paulus in Erinnerung und fürchte dich vor nichts.

„Gott ist treu; er wird nicht zulassen, dass ihr über eure Kraft hinaus versucht werdet. Er wird euch in der Versuchung einen Ausweg schaffen, sodass ihr sie bestehen könnt.“ (1. Korintherbrief 10,13)

Hast du die Dunkelheit erst einmal hinter dir, wird dir klar, welchen Gewinn du für dein inneres Leben daraus ziehen kannst. In Zeiten der Dunkelheit jedoch verkürze deine Gebetszeit und vermeide es, viel allein zu sein. Denke nicht zu häufig über dich nach, nimm gutes Essen zu dir und suche die Abwechslung.

67

Bist du in der Lage, Unabänderliches mit Geduld zu ertragen, darfst du sicher sein, dass dir der Herr sehr bald schon große Beweise seiner Liebe gewährt.

Unterstützend wird es sein, wenn du des Öfteren daran denkst und dich gleichzeitig von dem Gedanken durchdringen lässt, wie veränderlich und vergänglich unser hiesiges Leben ist. Versuche daher, deine Liebe auf das auszurichten, was kein Ende kennt.

68

Da alles auf Erden schnell vorübergeht, halte dich nicht an vergänglichen Dingen fest. Bemühe dich darum, dich von allem innerlich zu befreien, was keinen dauerhaften Bestand hat.

69

Vor jedem Empfang der Kommunion oder des Abendmahles solltest du dich vorbereiten, damit du die darin enthaltene große Gnade auch in ihrer Beständigkeit und Fülle annehmen kannst. Bei mangelnder oder schlechter Vorbereitung verliert zwar die Gnade ihre Kraft nicht, doch kann sie dich nicht in der dir zugedachten Stärke erreichen. Die Sonne scheint immer gleich. Sie trifft keine Schuld, wenn ein Stück Kohle in ihrem Licht nicht so hell strahlt wie ein Kristall.

Die erhabenen Geheimnisse, die sich bei der Kommunion vollziehen, sind nicht in Worte zu fassen. Achte behutsam darauf, dem Empfang dieser Gnade keine Hindernisse in den Weg zu legen.

70

Wie du deinen seelisch-geistigen Fortschritt unterstützen kannst:

- Wenn du unter vielen bist, rede stets nur wenig.
- Sei bescheiden in allem, was du tust und redest.
- Sei nie allzu hartnäckig – insbesondere in Dingen, an denen wenig gelegen ist.
- Richte dich nach der Stimmung desjenigen, mit dem du umgehst.
- Entschuldige dich nie, wenn du nicht einen einleuchtenden Grund hast.
- Übertreibe nicht, sondern sage deine Ansicht ruhig und der Wahrheit entsprechend.
- Füge in all deine Gespräche und Unterhaltungen etwas Geistliches ein. Dadurch werden unnütze Worte und üble Nachreden vermieden.
- Behaupte nie etwas, was du nicht sicher weißt.
- Dränge niemandem deine Meinung auf. Rede nur, wenn du gefragt wirst.

- Stelle dir bei all deinem Denken und Tun die Gegenwart Gottes vor. Deine Seele gewinnt dadurch.
- Rede über niemanden etwas Böses.
- Bemerkst du Fehler an dir, suche sie mit der dir zukommenden Gnade auszumerzen.
- Nimm Fehler der anderen nicht in dein Bewusstsein auf.
- Empfängst du, besonders während des Gebetes, gute Anregungen: Setze sie um.
- Halte dich nicht für etwas Besonderes.
- Sieh in allem Geschaffenen die Weisheit Gottes.
- Binde dein Herz nicht an äußere und vergängliche Dinge.
- Verliere dich nicht in geistlichen Illusionen.
- Übe nicht ständig Kritik an allem.
- Tue nie etwas, was du nicht vor allen tun kannst.
- Sei nicht neugierig und frage nicht nach dem, was dich nichts angeht.
- Vergegenwärtige dir hin und wieder dein vergangenes Leben.
- Halte an Gott fest, der unveränderlich ist. Baue nicht einzig und allein auf Menschen, die ihre Ansichten schnell ändern können und oft unzuverlässig sind.
- Besprich deine inneren Anliegen und Fragen mit einem geistlichen Begleiter.
- Verzichte niemals auf dein Gebet – auch nicht in Zeiten der Traurigkeit und Unruhe.
- Bedenke: Du hast nur eine Seele und wirst nur ein Mal sterben.
- Bedenke: Du hast nur eine Zeit und nur ein Leben.

Teresa von Avila

Heimlich verließ Teresa im Alter von sieben Jahren gemeinsam mit ihrem vier Jahre älteren Bruder Rodrigo das Elternhaus, um in das Maurenland zu ziehen. Dort wollten sie wie Märtyrer sterben. Der Mut und die Glaubensüberzeugung vieler Christen, die freiwillig den Tod auf sich nahmen, faszinierten sie – ihre Eltern konnten ihnen nicht oft genug aus dem Leben der Heiligen vorlesen, die den Märtyrertod starben. Durch Zufall erkannte jedoch der Bruder ihres Vaters, der von einer Reise nach Avila zurückkam, die Kinder und nahm sie mit in die Stadt zurück.

Sowohl der Vater als auch die Mutter Teresas waren adliger Herkunft. Ihr Vater, Alonso Sanchez de Cepeda, war ein hochgeachteter Mann. Zu seinen Vorfahren zählte ein König von Leon. Ihre Mutter, Doña Beatriz de Ahumada, war zeitlebens kränklich. Sie starb, als Teresa dreizehn Jahre alt war.

Teresa wurde im Internat der Augustinerinnen in Avila erzogen. Als Kind wollte sie ihre Heimat Avila für immer verlassen; jetzt versuchte sie, in Avila ihre Heimat zu finden. Ihr wurden große Sympathien entgegengebracht – selbst ihre Verwandten bewunderten neben Teresas Klugheit auch ihre Schönheit. Sie war gefährdet, sich von äußeren Dingen gefangen nehmen und von Menschen vereinnahmen zu lassen. Diese Zeit währte jedoch nur einige Monate.

Als sie später, durch Erfahrung und Wissen gereift, dem Leben auf einer höheren Stufe begegnete, klagte sie sich zeitlebens der Unwürdigkeit an. Dass sie in dieser Zeit gottfern gelebt hatte, konnte sie sich niemals verzeihen. Das Vorbild ihres Vaters lehrte sie wieder beten und weckte in ihr die Sehnsucht nach religiöser Erfüllung. Zu einem weltlichen Leben und zu einer Heirat konnte sie sich nicht entschließen – andererseits war es ihr auch nicht möglich, in ein Kloster einzutreten.

In dieser Zeit großer innerer Spannung wurde Teresa schwer krank und musste ins Elternhaus zurückkehren. Sie machte die grundlegende und ihr weiteres Leben prägende Erfahrung, dass ihre körperlichen Schmerzen zur Freiheit der Seele beitrugen und der Körper heilende Lebensimpulse von der gereinigten Seele empfing. Das Leiden, das sie während ihres ganzen Lebens ertragen musste, lehrte sie, auf eine besondere Art zu beten. Trotz ihres mutigen und stürmischen Charakters lernte sie, ihren Eigenwillen immer wieder im tiefen Gebet der Hingabe zu durchbrechen.

Teresa, die häufig von Schmerzen gequält wurde, fand dennoch – oder gerade dadurch – zum unablässigen Gebet. Ihr ganzes Leben ging in einen Zustand der Anbetung über.

Es ist schwer, das Leben dieser großen Frau in richtige Worte zu fassen – weitaus schwerer noch ist es, ihren gotterfüllten Bewusstseinszustand auch nur annähernd zu beschreiben. Teresa lebte nicht, sondern sie betete (Reinhold Schneider). Dieser Satz drückt vielleicht am besten aus, was ihr das Wichtigste in dieser Welt war.

Die Einsicht in den Nachtod-Zustand einiger Menschen und die eigene Erfahrung der Todesnähe erfüllten Teresa mit großem Schrecken. Sie erkannte, dass der Ordensstand der beste und sicherste für sie war. Dieser Entschluss war endgültig. Am Morgen des Allerseelentages 1535 verließ sie ihr Elternhaus. Ihr Bruder Antonius begleitete sie zum Kloster der Karmelitinnen in Avila. Teresa wurde als Novizin aufgenommen und legte nach zwei Jahren die endgültige Profess ab. Sie hatte in aller Konsequenz das „äußere Leben" abgegeben, um ganz in der Zurückgezogenheit und Stille des Klosters zu leben.

Doch ihr Leben gestaltete sich anders: äußerst bewegt und innerlich dem Verbrennen nahe. Ihre Sehnsucht nach dem Himmelreich wurde einerseits mit unaussprechlicher Seligkeit belohnt – andererseits musste sie bitterste körperliche und seelische Leiden erdulden. Immer wieder hatte sie sich mit dunklen Mächten auseinanderzusetzen, die bekanntlich oftmals Mystiker in besonders furchtbarer Weise angreifen. Es wird niemals möglich sein, das nachzuempfinden und zu verstehen, was Teresa nicht nur in Wahrheit erlitten, sondern auch geschaut hat, und welch hohe Gnadengaben ihr daraufhin zuströmten. Das Hohe und Außerordentliche, das sie empfangen durfte, stellte sich gegen ihr Leben und sogar gegen den Frieden ihrer Seele. Visionen lösten in ihr starke Zweifel aus, Ekstasen wurden von ihren Mitmenschen belächelt und mit großem Misstrauen beantwortet. Selbst Beichtväter, denen sie ihre Seele öffnete, konnte sie nicht überzeugen. Teresa wusste nur allzu gut, dass auf dieser Höhe geistlichen Lebens die Gefahr der Versuchung und Verstrickung, die Gefahr der Täuschung und des Getäuschtwerdens überaus groß ist.

Während einer lang andauernden Krankheit mit Lähmungserscheinungen brachte man die Schwerkranke zu ihrem Onkel auf das Land. Nervenschmerzen durchzogen ihren ganzen Körper, der Magen und das Herz versagten. Man erklärte sie für tot. Teresas Vater jedoch, der an ihren Tod nicht glauben wollte, behielt recht. Sie erwachte nach einigen Tagen – doch war sie drei Jahre gelähmt.

Während dieser Krankheit beschäftigte sie sich sehr mit dem Buch von Francisco de Osuna, *„Tercer Abecedario Espiritual"*, und begegnete zum ersten Mal dem „innerlichen Gebet".

Teresa war überzeugt davon, dass dieses innerliche Gebet ihr eine besondere, segensreiche Kraft gab, die sie auch in dieser schweren Zeit anderen Menschen vermitteln konnte. Sie fühlte ihre Seele durch vielfache Gnadengaben gestärkt und tauchte noch tiefer in das mystische Beten ein. Während ihr eigenes Leben für sie immer bedeutungsloser wurde, erfüllte sie göttliches Leben, sodass die göttliche Kraft durch Teresas Seele in dieser Welt und Zeit wirksam wurde.

Die Entdeckung des innerlichen Gebetes und die Erfahrungen, die sie damit machte, waren für sie von größerer Bedeutung als ihr Eintritt ins Kloster. Teresas geistlicher Weg führte sie über vier Stufen des innerlichen Gebetes. Für die Beschreibung dieser Stufen wählte sie das Bild eines Gartens, der auf vier verschiedene Weisen bewässert werden kann.

Über die erste Stufe, das betrachtende Gebet, das viel Anstrengung und Mühe fordert, gelangte Teresa in der Zeit ihrer Genesung zum Gebet der Ruhe, das sich ihr mit tiefen Einsichten und wunderbaren Erleuchtungen schenkte. Im Licht des Gebetes sah sie jedoch auch die Schatten ihrer Seele stärker und klarer. Sie spürte die unendliche Sehnsucht, sich mit dem Göttlichen zu vereinen. Diese Sehnsucht erfüllte sich auf den beiden letzten Gebetsstufen. Doch ganz gab die Welt sie nicht frei.

1560 leitete Teresa eine Reform des Karmelitenordens ein und verband das eremitische Element mit einer neuen Sichtweise des geistlichen Lebens: mit dem innerlichen Beten als Apostolat für die Welt und das Gemeinschaftsleben. Zwei Jahre später gründete sie das erste Reformkloster, „San José" in Avila. Viele ihrer Mitschwestern sahen die Gründung als Ausdruck von Hochmut und verfolgten sie mit Hass. Obwohl sie sich die Zeit zum Schreiben förmlich stehlen musste, begann Teresa mit ihrer Autobiografie.

1567 erlaubte man ihr, weitere Klöster zu gründen, zu denen auch Männerklöster gehörten. In diesem Jahr begegnete sie zum ersten Mal Johannes vom Kreuz, den sie für ihre Reform gewinnen konnte. Er war ein Mann nach ihrem Herzen, der begnadet war, die Geheimnisse der weltüberwindenden Liebe zu schauen und zu verkünden. Zu ihren weiteren geistlichen Freunden gehörten Pater Jeronimo Gracián und der große Mystiker Petrus von Alcántara, von dem sie in ihren Schriften dankbar berichtet.

Erscheinungen leuchteten vor ihrer Seele auf – dem leiblichen Auge nicht sichtbar, jedoch anschaubar im Geist. Ein Verlangen von übernatürlicher Kraft hob sie für Momente von der Erde empor. Teresa spürte die Nähe des Todes. Sie fühlte Christus in ihrer Nähe und hatte Einblick in die von ihm ausgehende Lichtwelt.

Auch eine an die Finsternis gefesselte Seele offenbarte sich ihr, und sie empfing unter Beklemmung und größter Traurigkeit das Wissen um eine mögliche Gottesferne und die Existenz dunkler Mächte. Sie teilte das Leid der in dieser Welt Lebenden und Gefährdeten und litt mit ihnen. Teresa spürte den ihr von Gott aufgetragenen Dienst auf dieser Erde und ihre Verpflichtung, in dieser Welt noch weiterleben zu müssen. Ihr wurde ein Wissen geschenkt, das sich jeder Mitteilung entzog, da Worte dafür fehlten.

Zwischen 1567 und 1582 folgen weitere Klostergründungen: fünfzehn Frauen- und zwei Männerklöster. Sie bereitete die Gründungen sorgsam vor. Wenn es darauf ankam, handelte sie rasch und überlegt. Trotzdem konnte sie einige Klöster nur unter größten Schwierigkeiten ins Leben rufen. Bis der Papst 1580 den von Teresa von Avila reformierten Karmel als neuen Orden für eigenständig erklärte, wurde ihr Werk von den Gegnern der Reform angegriffen und zeitweilig gelähmt. Doch auch dieser Sorge begegnete sie mit unerschütterlichem Vertrauen. Sie wusste um die Anschläge des Bösen und hatte die wunderbare Gabe, seinen Schatten aus den Seelen der Menschen zu vertreiben. Sie spürte bei ihren Mitschwestern die störenden Gedanken – so eng war sie mit ihnen verbunden. Wenn sie es für richtig erachtete, griff sie helfend und richtungweisend ein – mehr in Liebe als in Strenge. Ihre Liebe reichte tief in das Verborgene. Obwohl sie zeitlebens sehr impulsiv und temperamentvoll war, tat sie niemals etwas ohne Überlegung. Sie half auch, wo sie es eben vermochte, doch das größte Geschenk für die anderen war und blieb ihr Gebet.

Wegen ihrer Schriften musste sich Teresa 1577 vor der Inquisition in Sevilla verantworten. Der Apostolische Nuntius nannte sie bei dieser Gelegenheit eine „ruhelose Landstreicherin". Noch im gleichen Jahr begann sie unter dem Einfluss ihres geistlichen Freundes, Johannes vom Kreuz, ihr bedeutendstes Werk zu schreiben: *„Die Seelenburg"*. Ihre Schriften vermitteln unerschöpfliche Anregungen und eine Botschaft, die zeitüberdauernd und für alle offen ist. In unzähligen Briefen – 468 blieben erhalten – verschenkte sie die Kraft ihres Glaubens und ihres Herzens an die Menschen. Auch hier zeigte sich Teresa in sprudelnder Lebendigkeit und unüberbietbarer Spontaneität als Frau, die mit beiden Beinen in der Wirklichkeit stand. Es gab bei ihr nur Aufrichtigkeit und Wahrheit, nur Wirklichkeit und Leben.

Im September 1582 reiste Teresa in das von ihr gegründete Kloster nach Alba de Tormes. Sie erlitt während dieser Reise einen plötzlichen Schwächeanfall. So kam sie dort schwer krank an und empfing am 3. Oktober die Sterbesakramente. Teresa war frei von jeder Todesangst. Am Abend des darauffolgenden Tages starb sie.

Nach ihrem Tod fand man in ihrem Brevier, das sie in Alba de Tormes noch kurz vor ihrem Ableben benutzt hatte, einen Zettel. Dieser trug den Schlussvers eines Gedichtes, der im eigentlichen Sinne kein Gebet, sondern ein Zuspruch ist:

Nichts soll dich ängstigen,
Nichts dich erschrecken.
Alles vergeht,
Gott ändert sich nicht.
Die Geduld erreicht alles.
Wer sich an Gott hält, dem fehlt nichts.
Gott allein genügt.

Zeittafel

1515	Teresa de Ahumada y Cepeda wird als fünftes von elf Kindern in einer Adelsfamilie in Avila geboren.
1528	Tod ihrer Mutter.
1531–1532	Erziehung im Internat der Augustinerinnen in Avila. Teresa erkrankt und muss ins Elternhaus zurückkehren.
1535	Teresa tritt in den „Karmel der Menschwerdung" zu Avila ein. Nach zwei Jahren legt sie die endgültige Profess ab.
1538–1542	Sie erkrankt schwer und ist über drei Jahre völlig gelähmt. Während eines Aufenthaltes bei ihrem Onkel begegnet sie durch das Buch von Francisco de Osuna, *„Tercer Abecedario Espiritual"*, zum ersten Mal dem „innerlichen Gebet".
1554	Da Teresa nur zum Teil Erfüllung im Ordensleben findet, wendet sie sich ganz dem innerlichen Gebet zu.
1560	Sie leitet eine Reform des Karmelitenordens ein und verbindet das eremitische Element mit einer neuen Sichtweise des geistlichen Lebens: mit dem innerlichen Beten als Apostolat für die Welt und das Gemeinschaftsleben. Sie beginnt, ihre Autobiografie zu schreiben.
1562	Teresa gründet das erste Reformkloster, „San José" in Avila.
1562–1569	Es entsteht ihre Schrift *„Weg der Vollkommenheit"*.
1567	Teresa erhält die Erlaubnis, weitere Klöster zu gründen, zu denen auch Männerklöster gehören. Sie begegnet erstmals Johannes vom Kreuz, den sie für ihre Reform gewinnen kann.

1567–1582	Unter teilweise großen Schwierigkeiten gründet sie sechzehn Frauen- und zwei Männerklöster.
1571–1574	Um auch den „Karmel der Menschwerdung“ in Avila zu reformieren, wird Teresa dort als Priorin eingesetzt. Sie beginnt ihr *„Buch der Klosterstiftungen“*.
1575	Rückkehr in den Karmel „San José“ als Priorin.
1577	Wegen ihrer Schriften muss sie sich vor der Inquisition in Sevilla verantworten. Unter dem Einfluss ihrer geistlichen Freunde, P. Jeronimo Gracián und P. Johannes vom Kreuz, beginnt sie mit ihrem bedeutendsten Werk, *„Die Seelenburg“*.
1580	Der von Teresa reformierte Karmel wird durch den Papst als neuer Orden für eigenständig erklärt.
1582	Teresa stirbt am 4. Oktober in dem von ihr gegründeten Kloster in Alba de Tormes.
1588	Der spanische Dichter und Theologe Luis de Léon gibt die erste vollständige Ausgabe der Werke Teresas in Spanien heraus.
1614	Papst Paul V. spricht Teresa von Avila selig.
1617	Sie wird zur Schutzpatronin Spaniens ernannt.
1622	Papst Gregor XV. spricht Teresa von Avila heilig.
1649	Die Werke Teresas werden von Matthias a Sancto Arnoldo in Würzburg erstmalig in deutscher Sprache herausgegeben.
1970	Teresa von Avila wird von Papst Paul VI. als erste Frau zur Kirchenlehrerin ernannt.

Literatur

Werke der Teresa von Avila

Spanische Originalausgabe des Gesamtwerks:

Santa Teresa de Jesús, Obras completas. Herausgegeben von Alberto Barrientos. Madrid 1984.

Deutsche Ausgabe des Gesamtwerks:

Sämtliche Schriften der hl. Theresia von Jesu. Übersetzt und herausgegeben von Aloysius Alkofer OCD. 6 Bde. München 1931–1941.

Band 1: Das Leben der heiligen Theresia von Jesu (Autobiografie)
Band 2: Das Buch der Klosterstiftungen der heiligen Theresia von Jesu
Band 3: Briefe der heiligen Theresia von Jesu. Erster Teil
Band 4: Briefe der heiligen Theresia von Jesu. Zweiter Teil
Band 5: Die Seelenburg der heiligen Theresia von Jesu
Band 6: Weg der Vollkommenheit mit kleineren Schriften der heiligen Theresia von Jesu

Literatur, auf die sich Teresa von Avila bezieht

Alonso de Madrid, Himmlische Gold-Grub. Das ist Gantz besondere, jedoch warhaffte Weiß Gott recht zu dienen; Durch welche man zur Liebe Gottes ohnfehlbar gelangen, und seine Ubungen zu Gold machen kan. Herausgegeben von Philipp Langpartner. Augsburg 1729.

Aurelius Augustinus, Bekenntnisse. Aus dem Lateinischen übersetzt von Dr. Alfred Hoffmann (Bibliothek der Kirchenväter, Bd. 18). Kempten/München 1914.

Aurelius Augustinus, Bekenntnisse und Gottesstaat. Sein Werk, ausgewählt von Joseph Bernhart. 7. Aufl. Stuttgart 1965.

Aurelius Augustinus, Die Bekenntnisse. Vollständige Ausgabe. Übertragung, Einleitung und Anmerkungen von Hans Urs von Balthasar (Christliche Meister, Bd. 25). Einsiedeln 1985.

Aurelius Augustinus, Selbstgespräche. Die echten Soliloquien. Herausgegeben von L. Schopp. München 1938.

Aurelius Augustinus, Selbstgespräche über Gott und die Unsterblichkeit der Seele. Herausgegeben von H. Müller. Zürich 1954.

Luis de Granada, Gebet und Betrachtung. Übersetzt von Jakob Ecker. Freiburg 1912.

Petrus von Alcántara, Gründliche Underweisung recht und wohl zu Betten und zu betrachten. Aus dem Lateinischen Exemplar verteutscht durch V. P. F. Ludovicum Kellen. Köln 1670.

Petrus von Alcántara, Seraphische Lehrschuel der geistlichen Übungen. Ins Deutsche übersetzt von Fortunatum Hueber. München 1670.

Petrus von Alcántara, Goldenes Büchlein über das innere Gebet oder die Betrachtung. Uebersetzt und herausgegeben von einem katholischen Weltpriester. Münster 1840.

Petrus von Alcántara, Das goldene Büchlein über die Betrachtung und das innerliche Gebet. Aus dem Spanischen übersetzt und herausgegeben von P. Philibert Seeböck OFM. Würzburg 1900.

Außerdem

Schneider, Reinhold, Theresia von Spanien. Freiburg i. Br. 1939.

Quellennachweis

Erstes Buch von „Aus der Quelle schöpfen"
Quelle: „Die Seelenburg der heiligen Theresia von Jesu"

Lfd. Nr. im Buch	Wohnung	Hauptstück u. Kapitel
1	I	1,2
2	I	1,3
3	I	1,5
4	I	1,6
5	I	1,7
6	I	1,8
7	I	2,8
8	I	2,9
9	I	2,10
10	I	2,11
11	I	2,12
12	I	2,13
13	I	2,15
14	I	2,16
15	II	2
16	II	3
17	II	6
18	II	8
19	II	9
20	II	11
21	III	2,9
22	III	2,13
23	III	2,15
24	IV	1,7
25	IV	1,9
26	IV	2,3
27	IV	2,4
28	IV	2,5
29	IV	2,6
30	IV	2,8
31	IV	2,9

Lfd. Nr. im Buch	Wohnung	Hauptstück u. Kapitel
32	IV	3,1
33	IV	3,3
34	IV	3,5
35	IV	3,6
36	IV	3,7
37	IV	3,11
38	IV	3,13
39	IV	3,14
40	V	1,11
41	VI	3,7
42	VI	3,8
43	VI	7,9
44	VI	7,10
45	VI	7,11
46	VI	7,12
47	VI	7,14
48	VI	8,10
49	VI	9,15
50	VII	1,1
51	VII	1,2
52	VII	1,3
53	VII	1,5
54	VII	1,6
55	VII	1,7
56	VII	2,9
57	VII	3,13
58	VII	3,14
59	VII	4,11
60	VII	4,14
61	VII	4,16

Zweites Buch von „Aus der Quelle schöpfen“
Quelle: „Weg der Vollkommenheit der heiligen Theresia von Jesu“

Lfd. Nr. im Buch	Haupt-stück	Kapitel
1	17	4
2	17	6
3	18	1
4	19	4
5	19	5
6	19	9
7	19	10
8	19	11
9	19	12
10	19	13
11	19	19
12	20	4
13	21	1
14	21	2
15	21	7
16	21	9
17	21	10
18	22	1
19	22	2
20	22	3
21	23	3
22	23	4
23	23	5
24	23	6
25	23	7
26	24	3
27	24	4
28	25	1
29	25	2
30	26	1
31	26	2
32	26	3
33	26	8
34	26	10
35	26	11

Lfd. Nr. im Buch	Haupt-stück	Kapitel
50	30	5
51	30	6
52	30	7
53	31	1
54	31	2
55	31	3
56	31	4
57	31	5
58	31	6
59	31	7
60	31	8
61	31	9
62	31	10
63	31	11
64	31	12
65	31	14
66	31	15
67	31	16
68	32	4
69	32	5
70	32	7
71	32	8
72	32	9
73	32	10
74	32	12
75	32	13
76	32	14
77	33	1
78	39	1
79	39	2
80	39	3
81	39	5
82	39	6
83	39	8
84	40	6

Lfd. Nr. im Buch	Haupt-stück	Kapitel
36	27	1
37	27	2
38	27	4
39	28	2
40	28	3
41	28	4
42	28	5
43	28	6
44	28	7
45	28	8
46	28	10
47	28	11
48	28	12
49	29	6

Lfd. Nr. im Buch	Haupt-stück	Kapitel
85	40	7
86	40	8
87	41	2
88	41	3
89	41	4
90	41	5
91	41	6
92	41	7
93	41	9
94	41	10
95	41	11
96	42	2
97	42	4
98	42	5

Drittes Buch von „Aus der Quelle schöpfen“
Quelle: „Das Leben der heiligen Theresia von Jesu“

Lfd. Nr. im Buch	Haupt-stück	Kapitel
1	11	6
2	11	7
3	11	8
4	11	9
5	12	1
6	14	1
7	14	2
8	14	3
9	14	4
10	14	5
11	14	6
12	14	8
13	15	1
14	15	2
15	15	4
16	15	5
17	15	6
18	15	7

Lfd. Nr. im Buch	Haupt-stück	Kapitel
58	26	7
59	27	5
60	27	12
61	28	14
62	29	11
63	30	3
64	30	4
65	30	9
66	30	10
67	30	11
68	30	14
69	30	17
70	31	18
71	34	9
72	35	12
73	37	8
74	39	4
75	39	9

Lfd. Nr. im Buch	Haupt-stück	Kapitel
19	15	8
20	15	11
21	15	13
22	15	15
23	15	15
24	16	1
25	16	2
26	16	3
27	17	1
28	17	2
29	17	3
30	17	5
31	17	9
32	17	10
33	18	1
34	18	3
35	18	8
36	18	10
37	18	11
38	18	12
39	19	1
40	19	2
41	19	9
42	20	15
43	20	22
44	21	9
45	21	12
46	22	3
47	22	6
48	22	11
49	23	4
50	24	2
51	25	1
52	25	2
53	25	3
54	25	4
55	25	12
56	25	15
57	25	16

Lfd. Nr. im Buch	Haupt-stück	Kapitel
76	39	15
77	39	16
78	39	22
79	39	23
80	40	4
81	40	5
82	40	8
83	4	9
84	6	8
85	7	8
86	7	10
87	7	10
88	7	17
89	8	2
90	8	4
91	8	5
92	8	7
93	8	9
94	8	10
95	8	12
96	9	3
97	9	4
98	10	1
99	10	4
100	11	4
101	11	13
102	11	14
103	12	3
104	13	2
105	13	5
106	13	6
107	13	11
108	13	20
109	13	12
110	13	14
111	13	16
112	13	15
113	13	19

Viertes Buch von „Aus der Quelle schöpfen"
Quelle: „Das Buch der Klosterstiftungen der heiligen Theresia von Jesu", kleinere Schriften und Briefe

Lfd. Nr. im Buch	Hauptstück	Kapitel
1	Vorrede	1
2	2	7
3	4	2
4	4	4
5	5	1
6	5	2
7	5	3
8	5	4
9	5	5
10	5	6
11	5	9
12	5	12
13	5	13
14	5	15
15	5	16
16	5	17
17	6	8
18	6	15
19	7	11
20	8	4
21	19	1
22	20	15
23	22	2
24	22	8
25	27	10
26	27	20
27	28	15
28	28	15
29	29	2
30	31	42
31	Rufe der Seele zu Gott VIII	2
32	Rufe der Seele zu Gott XII	4
33	Rufe der Seele zu Gott XIII	1
34	Rufe der Seele zu Gott XVII	6
35	Rufe der Seele zu Gott XVII	7

Lfd. Nr. im Buch	Hauptstück	Kapitel
36	Rufe der Seele zu Gott VII	8
37	Gedanken über die Liebe Gottes 1	4
38	Gedanken über die Liebe Gottes 2	24
39	Gedanken über die Liebe Gottes 4	2
40	Gedanken über die Liebe Gottes 4	3
41	1. Bericht	
42	2. Bericht	
43	5. Bericht	
44	5. Bericht	
45	6. Bericht	
46	Gunstbezeugung Gottes	23
47	126. Brief	
48	235. Brief	
49	419. Brief	
50	21. Brief	
51	Weg der Vollkommenheit 12	5
52	171. Brief	
53	17. Brief	
54	64. Brief	
55	Weg der Vollkommenheit 19	17
56	174. Brief	
57	12. Brief	
58	Weg der Vollkommenheit 11	4
59	226. Brief	
60	Visitationsverfahren	38
61	Weg der Vollkommenheit 4	11
62	61. Brief	
63	166. Brief	
64	38. Brief	
65	333. Brief	
66	130. Brief	
67	31. Brief	
68	33. Brief	
69	Gunstbezeugung Gottes	52
70	Ermahnungen der hl. Mutter Theresia an ihre Nonnen	